글 사회평론 과학교육연구소
대학에서 오랫동안 과학을 연구한 전문가들이 모여, 우리 아이들이 쉽고 재미있게 공부할 수 있는 책을 만들고 있습니다.

글 이명화 (사회평론 과학교육연구소 연구원)
서울대학교 물리교육과를 졸업하고 같은 대학교 대학원에서 석사, 박사 학위를 받았습니다. 10여 년간 중학교에서 과학을 가르쳤으며, 미국 아리조나 주립대에서 물리학으로 박사 학위를 받고 독일, 미국, 영국에서 연구원으로 근무하였습니다. 쉽고 재미있는 과학책을 쓰는 일에 관심을 갖고 있으며, 현재 사회평론 과학교육연구소 연구원으로 과학책을 만들고 있습니다.

글 김형진 (사회평론 과학교육연구소 연구원)
연세대학교 천문대기과학과를 졸업하고 같은 대학교 대학원에서 석사, 박사 학위를 받았습니다. 과학자를 꿈꾸는 아이들에게 올바른 과학 개념과 과학적 태도를 함께 키울 수 있는 방법을 전달하기 위해 노력하고 있습니다. 현재 사회평론 과학교육연구소 연구원으로 과학책을 만들고 있습니다.

글 설정민 (사회평론 과학교육연구소 연구원)
서울대학교 생물학과를 졸업하고 같은 대학교 대학원에서 석사 학위를 받은 뒤 박사 과정을 수료하였습니다. 아이에게 과학을 쉽고 재미있게 얘기해 주려 노력하다 보니 어린이를 위한 책을 만드는 일에도 관심을 가지게 되었습니다. 현재 사회평론 과학교육연구소 연구원으로 과학책을 만들고 있습니다.

그림 김인하
시각디자인을 전공하고 1999년 월간지에 만화를 연재하며 작품 활동을 시작하였습니다. 《건방진 우리말 달인》, 《똑똑한 어린이 대화법》 등에 그림을 그렸습니다. 이 책을 읽는 어린이들의 밝은 미래를 기원합니다.

그림 뭉선생
2004년 LG 동아 국제만화 공모전에 입상하며 작품 활동을 시작했습니다. 그린 책으로 《조지의 우주를 여는 비밀 열쇠》 시리즈, 《용선생 만화 한국사》 시리즈, 《용선생 처음 한국사》 시리즈, 《용선생 처음 세계사》 시리즈 등이 있습니다.

그림 윤효식
2002년 《소년 챔프》에 〈신검〉으로 데뷔하여 어린이에게 유익한 학습 만화를 그리고 있습니다. 그린 책으로 《마법천자문 사회원정대》 시리즈, 《용선생 만화 한국사》 시리즈, 《용선생 처음 한국사》 시리즈, 《용선생 처음 세계사》 시리즈 등이 있습니다.

감수 강남화
서울대학교 물리교육과를 졸업하고 같은 대학교 대학원에서 석사 학위를 받았습니다. 미국 조지아주립대학교에서 박사 학위를 받았습니다. 미국에서 10년간의 교수 생활 후 현재 한국교원대학교 물리교육과 교수로 재직 중입니다. 2015 개정 교육과정의 고등학교 물리교과서를 함께 저술했으며, 함께 번역한 책으로 《재미있는 물리 여행》, 《드로잉 피직스》가 있습니다.

캐릭터 이우일
홍익대학교에서 시각디자인을 공부한 만화가입니다. 그림책 작가인 아내 선현경, 딸 은서, 고양이 카프카와 함께 그림을 그리고 글을 쓰며 살고 있습니다. 지은 책으로 《우일우화》, 《옥수수빵파랑》, 《좋은 여행》, 《고양이 카프카의 고백》 등이 있고, 그린 책으로 《노빈손》 시리즈, 《용선생의 시끌벅적 한국사》 시리즈, 《교양으로 읽는 용선생 세계사》 시리즈 등이 있습니다.

용선생의 시끌벅적 과학교실

온도와 열

글 사회평론 과학교육연구소 | 그림 김인하·뭉선생·윤효식 | 감수 강남화 | 캐릭터 이우일

피자가 식지 않는 배달 가방의 비밀은?

사회평론

프롤로그

여러분, 안녕? 과학반을 맡은 용선생이야. 내 명성은 익히 들어 봤겠지? 역사반과 세계사반을 모두 훌륭하게 성공시키며 방과 후 교실 최고의 인기 교사가 된 그 용선생이란다. 교장 선생님께서 특별히 부탁하셔서 이번에는 과학반을 맡게 되었어. 어찌나 사정을 하시던지 도무지 거절할 수가 없었지 뭐야. 그래서 이 몸이 깜짝 놀랄 수업을 준비했단다.

우리의 수업은 언제나 질문과 함께 출발해. 세상을 둘러보다가 누군가 "저건 왜 그래요?" 하고 질문하면 바로 그 순간 수업이 시작되는 거지. 이제부터 용선생의 시끌벅적 과학교실을 제대로 즐기는 방법을 하나씩 알려 줄게.

첫째, 과학반 친구들과 함께 호기심을 갖고 질문해 봐. 과학을 어렵게만 생각하지 말고, 매 교시마다 아이들이 어떤 호기심을 가지는지 관심을 가져 봐. 과학반 친구들과 함께 '왜 그럴까?', '어떻게 알아낼 수 있을까?' 고민하다 보면 어렵던 과학도 쉽게 느껴질 거야.

둘째, **어려운 내용은 사진과 그림으로 이해해 봐.** 어려운 과학 개념과 원리를 한 장의 사진이나 그림을 통해 단숨에 이해할 수도 있어. 그래서 너희를 위해 사진과 그림을 많이 준비했단다. 글을 읽다가 어렵다 싶으면 옆에 있는 사진과 그림을 봐. 잘 이해되지 않던 내용이 틀림없이 술술 이해될 거야.

셋째, **배운 내용을 되새기며 머릿속에 정리해 봐.** 왁자지껄한 수업을 마치고 나면 뭘 배웠는지 정리가 안 될 때도 있을 거야. 그럴 때를 대비해 중간중간 핵심 정리를 준비했어. 또 배운 내용을 4컷 만화로 재미있게 요약해 두었지. 게다가 교시가 끝날 때마다 나선애의 정리노트도 마련했단다. 이 정도면 학습 정리는 문제없겠지?

과학은 분야도 다양하고 배울 내용도 아주 많아. 쉽게 이해할 수 있는 부분도 있지만, 여러 번 곰곰이 생각해 봐야 알 수 있는 부분도 있지. 이 책을 여러 번 다시 읽다 보면 구석구석 빠짐없이 모두 이해될 거야.

자, 이제 용선생의 시끌벅적 과학교실을 제대로 즐길 준비가 됐겠지? 그럼 신나는 수업을 시작해 볼까?

차례 | 온도와 열

1교시 | 온도란?

차갑고 따뜻한 정도를 어떻게 나타낼까?

차갑고 따뜻한 정도를 알아내려면? … 13
온도를 재는 법! … 17
녹차가 따뜻한 물에 잘 우러나는 까닭 … 20

나선애의 정리노트 … 24
과학퀴즈 달인을 찾아라! … 25
용선생의 과학 카페 … 26
　- 생활 속 온도계를 찾아라!

교과연계
초 5-1 온도와 열 | 중 2 열과 우리 생활

3교시 | 전도

그네 안장을 나무로 만드는 까닭은?

고체에서 열은 어떻게 이동할까? … 45
전도는 어디에서 잘 일어날까? … 48
창문에 뽁뽁이를 붙이면 따뜻한 까닭 … 52

나선애의 정리노트 … 56
과학퀴즈 달인을 찾아라! … 57
용선생의 과학 카페 … 58
　- 단열의 끝판왕, 패시브 하우스!

교과연계
초 5-1 온도와 열 | 중 2 열과 우리 생활

2교시 | 열의 이동

딸기를 찬물에 담가 두는 까닭은?

뜨거운 것과 차가운 것이 만나면? … 30
과일을 찬물에 담가 두는 까닭 … 34
열은 언제까지 이동할까? … 37

나선애의 정리노트 … 40
과학퀴즈 달인을 찾아라! … 41

교과연계
초 5-1 온도와 열 | 중 2 열과 우리 생활

4교시 | 대류와 복사

화덕에서 피자가 구워지는 원리는?

액체에서 열은 어떻게 이동할까? … 62
온풍기는 어디에 설치해야 좋을까? … 66
태양열이 지구까지 오는 방법! … 70

나선애의 정리노트 … 76
과학퀴즈 달인을 찾아라! … 77
용선생의 과학 카페 … 78
 - 조선 시대의 냉장고, 석빙고

교과연계
초 5-1 온도와 열 | 중 2 열과 우리 생활

6교시 | 열팽창

에펠탑의 높이가 여름과 겨울에 다른 까닭은?

물체의 온도가 높아지면 어떤 일이? … 99
에펠탑의 높이가 달라지는 까닭은? … 102
유리병 뚜껑이 안 열릴 때 여는 방법! … 105

나선애의 정리노트 … 110
과학퀴즈 달인을 찾아라! … 111
용선생의 과학 카페 … 112
 - 냉장고에서 꺼낸 페트병에서 탁 소리가 나는 까닭은?

교과연계
초 5-1 온도와 열 | 초 6-1 여러 가지 기체 |
중 1 기체의 성질 | 중 2 열과 우리 생활

5교시 | 비열

여름 한낮에 모래사장이 바닷물보다 뜨거운 까닭은?

똑같이 가열해도 온도가 다른 까닭은? … 83
물의 특별한 성질! … 86
바닷물은 왜 여름 한낮에도 시원할까? … 90

나선애의 정리노트 … 94
과학퀴즈 달인을 찾아라! … 95

교과연계
초 5-1 온도와 열 | 초 5-2 날씨와 우리 생활 |
중 2 열과 우리 생활 | 중 3 기권과 날씨

가로세로 퀴즈 … 114
교과서 속으로 … 116

찾아보기 … 118
퀴즈 정답 … 119

등장인물

용쓴다 용써!
용선생

- 체력 ★★★
- 지력 ★★★★★
- 감성 ★★★
- 호기심 ★★★★★
- 유머 ★★

열정이 가득한 과학 선생님. 하늘을 향해 거침없이 솟은 머리카락과 삐죽삐죽한 수염이 매력 포인트. 생생한 과학 수업을 하기 위해 물불을 가리지 않는다.

장하다 장해!
장하다

- 체력 ★★★★★
- 지력 ★
- 감성 ★★★★
- 호기심 ★★★★★
- 유머 ★★★★★

'튼튼하게만 자라 다오.'라는 아버지의 소원대로 튼튼하게 자랐다. 성격은 일등, 성적은 비밀이다. 시험을 못 봐도 씩씩하고, 엉뚱한 질문으로 수업에 활력을 준다.

오늘도 나선다!
나선애

- 체력 ★★★★
- 지력 ★★★★
- 감성 ★★★
- 호기심 ★★★★★
- 유머 ★★★

과학자를 꿈꾸는 우등생. 공부도 잘하고 아는 게 많아서 모든 일에 앞장서는 타입이다. 겉으로는 차가워 보이지만 내심 따뜻한 면도 가지고 있다. 전혀 티가 안 나서 그렇지.

잘난 척 대장
왕수재

- 체력 ★★★
- 지력 ★★★★
- 감성 ★
- 호기심 ★★★★★
- 유머 ★

세상에서 자기가 제일 잘난 줄 안다. '천재는 외로운 법이고 질투의 대상인 법'이라나. 친구들에게 깐족거리는 데에도 천재적이다. 그래도 수업에는 늘 적극적으로 참여한다.

낭만 가득
허영심

체력 ★★★★★
지력 ★★★
감성 ★★★★★
호기심 ★★★★★
유머 ★★

감성이 풍부해도 너무 풍부하다. 떨어지는 낙엽이나 밤하늘의 별을 보며 눈물짓고, 조그만 벌레와 대화를 나누는 사차원 성격. 하지만 누구보다 정이 많고 낭만적이다.

과학반 귀염둥이
곽두기

체력 ★★★
지력 ★★★★
감성 ★★★★
호기심 ★★★★★
유머 ★★★★

형과 누나들의 귀여움을 독차지하는 과학반 막내. 나이도 가장 어리고 타고난 동안이라 언뜻 보면 유치원생 같다. 훈장 할아버지 덕에 어려운 단어를 줄줄 꿰고 있다.

우리를 찾아봐!

알코올 온도계
주로 액체나 기체의 온도를 측정할 때 사용하는 온도계야.

적외선 온도계
주로 고체의 온도를 측정할 때 사용하는 온도계야. 물체에서 나오는 적외선을 이용해.

물
온도가 빨리 변하지 않아 스마트폰이나 자동차 엔진이 과열되는 걸 막는 데 쓰이는 액체야.

태양
복사를 통해 지구로 열을 전달하는 천체야.

보온병
열이 잘 이동하지 않아 주위의 온도에 관계없이 일정한 온도를 유지하도록 만들어진 병이야.

전기난로
대류와 복사를 통해 주위를 따뜻하게 해 주는 전기 기구야.

1교시 | 온도란?

차갑고 따뜻한 정도를 어떻게 나타낼까?

아이가 아픈가 봐.

근데 아이에게 뭘 겨누고 있는 거지?

몸이 얼마나 뜨거운지 알아보는 거야.

교과연계

초 **5-1** 온도와 열
중 **2** 열과 우리 생활

그냥 손으로 만져 보면 안 돼요?

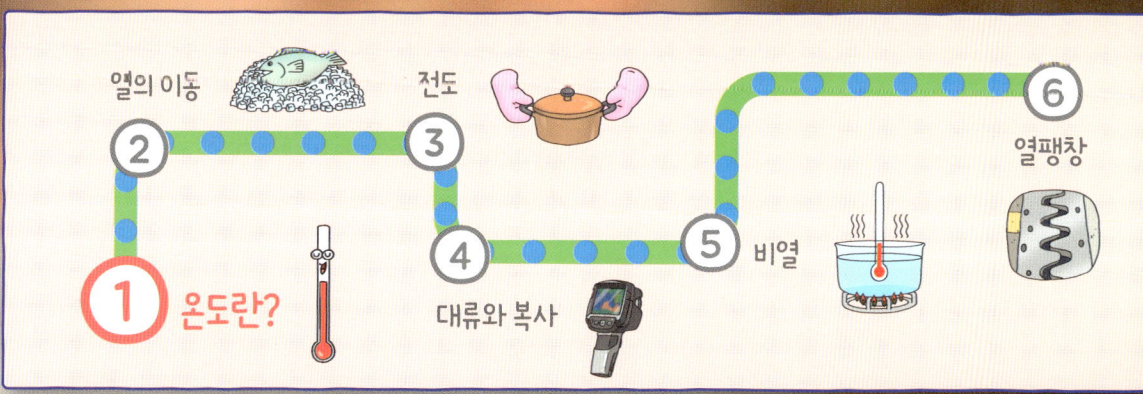

"아휴, 더워!"

장하다가 손으로 연신 부채질을 하자 허영심이 생수병을 건넸다.

"이것 좀 마셔. 아주 시원해."

그런데 생수병을 건네받은 장하다의 표정이 금세 굳어졌다.

"에이, 시원하지 않고 미지근한데? 난 에어컨 바람이나 쐴래!"

장하다가 생수병을 도로 건네자 허영심이 뾰로통하게 쏘아붙였다.

"야, 이 정도면 시원한 거지!"

이를 지켜보던 용선생이 자리에서 일어나며 말했다.

"오호, 마침 잘됐다. 오늘은 차갑고 따뜻한 정도를 정확히 알아내는 방법을 배워 보자."

 ## 차갑고 따뜻한 정도를 알아내려면?

"차가운지 따뜻한지는 그냥 손으로 만져 보면 알 수 있는 거 아니에요?"

왕수재가 시큰둥한 표정으로 말하자 용선생이 고개를 가로저었다.

"손으로 만져 보는 게 항상 좋은 방법은 아니야. 뜨거운 물체를 맨손으로 만졌다가는 델 수도 있잖니."

"맞아요! 어제 찌개가 식은 줄 알고 뚝배기를 손으로 살짝 만졌다가 뜨거워 죽는 줄 알았어요!"

곽두기가 얼굴을 찡그리며 말했다.

"뜨거운 물체만 문제가 아니야. 매우 차가운 물체도 맨손으로 만지면 동상에 걸릴 수 있어. 게다가 사람의 감각은 정확하지 않아서 같은 물체를 만져도 사람마다 차갑고 따뜻한 정도를 다르게 느낄 수 있어."

"저와 영심이가 그랬던 것처럼요?"

장하다의 말에 용선생이 고개를 끄덕였다. 옆에 있던 곽두기가 손을 번쩍 들었다.

"저와 제 동생도 그래요. 집에서 에어컨을 틀었을 때 저는 딱 적당하다고 느끼는데, 동생은 늘 춥다고 하거든요!"

 곽두기의 낱말 사전

감각 느낄 감(感) 깨달을 각(覺). 눈, 코, 입, 귀, 피부를 통해 바깥의 자극을 알아차리는 것을 말해.

"게다가 같은 사람이라도 때에 따라 차갑거나 따뜻한 정도를 다르게 느끼기도 해."

용선생은 수조 세 개에 따뜻한 물, 미지근한 물, 차가운 물을 각각 담았다.

"선애야, 오른손은 따뜻한 물에, 왼손은 차가운 물에 넣었다가 동시에 빼서 미지근한 물에 넣어 볼래?"

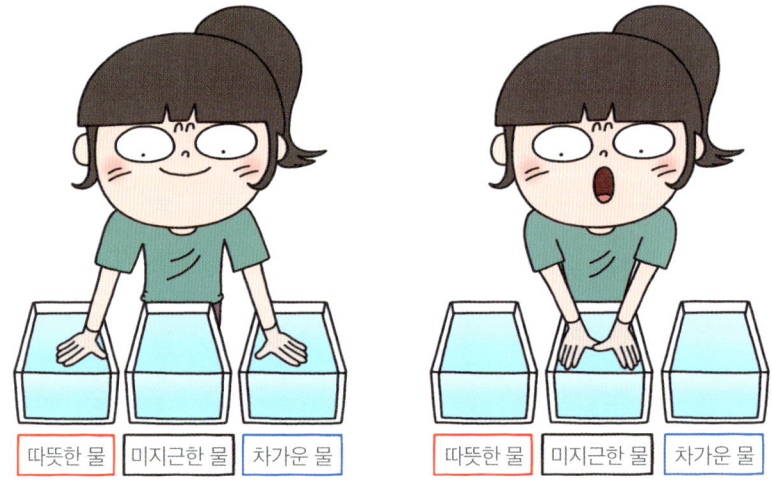

▲ 양손을 각각 따뜻한 물과 차가운 물에 넣은 뒤, 동시에 빼서 미지근한 물에 넣어.

"어? 오른손은 물이 차갑게 느껴지고 왼손은 따뜻하게 느껴져요! 둘 다 제 손인데 왜 다르게 느껴지죠?"

"신기하지? 사람의 감각이 정확하지 않아서 그래."

"그렇군요. 느낌만으로는 차가운지, 따뜻한지를 정확히 알 수 없겠네요. 차갑고 따뜻한 정도를 정확히 알아내는 방법은 없나요?"

"있지. 온도계를 이용하여 차갑거나 따뜻한 정도를 측정해서 숫자로 나타내면 돼. 물질의 차갑거나 따뜻한 정도를 숫자로 나타낸 걸 '온도'라고 해."

"아, 온도라는 말은 많이 들어 봤어요!"

"온도를 사용하면 '차갑다, 미지근하다, 따뜻하다, 뜨겁다' 등 말로 표현하는 것보다 차갑거나 따뜻한 정도를 훨씬 정확하게 나타낼 수 있어."

"그렇겠네요!"

"온도는 우리 생활에서 자주 쓰이는 말이야. 감기 걸렸을 때 병원에 가면 체온을 재지? 체온은 몸의 온도야. 또 물의 온도는 수온이라고 하지."

"날씨 예보를 보면 기온이라는 말이 자주 나오잖아요. 기온도 온도예요?"

"오호, 예리하구나. 기온은 공기의 온도를 말해."

"날씨 예보에서 기온을 말할 때 항상 몇 도라고 말하던데, 숫자 뒤에 붙는 '도'는 뭐예요?"

"그건 온도의 단위야. 키를 말할 때 숫자에 m(미터)나 cm(센티미터) 단위를 붙여서 나타내는 것처럼 온도를 나타낼 때에도 숫자 뒤에 단위를 붙여. 온도의 단위로는 ℃(섭

곽두기의 낱말 사전

측정 잴 측(測) 정할 정(定). 기계나 장치를 사용하여 값을 재는 걸 말해.

나선애의 과학 사전

물질 물체를 이루는 재료를 말해. 예를 들어 지우개라는 물체는 고무라는 물질로 이루어졌어.

곽두기의 낱말 사전

체온 몸 체(體) 온도 온(溫). 몸의 온도를 말해.

수온 물 수(水) 온도 온(溫). 물의 온도를 말해.

기온 공기 기(氣) 온도 온(溫). 공기의 온도를 말해.

용선생의 과학 현미경

섭씨는 셀시우스(Celsius)라는 과학자의 이름을 딴 거야. 중국 발음을 거치면서 '섭씨'라고 나타내게 됐어.

화씨는 파렌하이트(Fahrenheit)라는 과학자의 이름을 딴 거야. 중국 발음을 거치면서 '화씨'라고 나타내게 됐어.

씨도)를 사용해. 20℃는 '섭씨 이십 도'라고 읽어."

"섭씨? 그 말은 처음 들어 봐요."

"온도는 여러 가지 방법으로 나타낼 수 있는데, 섭씨온도는 그중 하나야. 미국을 제외한 거의 모든 나라에서 섭씨온도를 사용해. 미국에서는 화씨온도를 사용한단다."

"오호, 그렇군요!"

 핵심정리

온도는 물질의 차갑거나 따뜻한 정도를 숫자로 나타낸 거야. 섭씨온도는 숫자에 단위 ℃(섭씨도)를 붙여 나타내.

 용선생의 과학 현미경

섭씨온도와 화씨온도는 어떻게 다를까?

섭씨온도는 지표면 부근에서 물이 어는 온도를 0℃, 물이 끓는 온도를 100℃로 정하고, 그 사이를 100등분한 온도야.

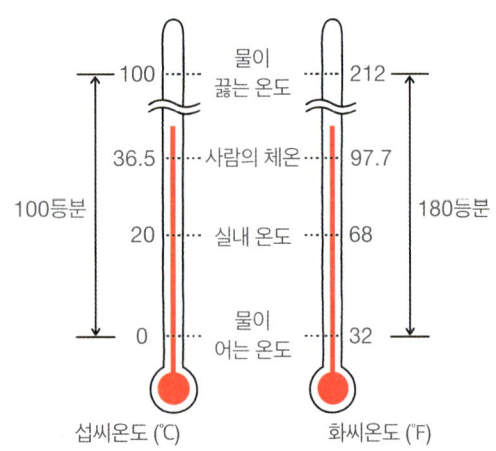

화씨온도는 단위로 °F(화씨도)를 사용하는데, 물이 어는 온도를 32°F, 물이 끓는 온도를 212°F로 정하고, 그 사이를 180등분한 온도야. 화씨온도는 섭씨온도보다 온도 간격이 작아서 온도를 더 자세하게 나타낼 수 있어. 사람의 정상 체온은 섭씨온도로 36.5℃, 화씨온도로 97.7°F에 해당해.

좀 더 자세히 들여다볼까?

온도를 재는 법!

용선생은 서랍에서 알코올 온도계를 꺼냈다.

"온도계로 온도를 측정하는 방법을 알려 줄게. 온도계는 쓰임새에 따라 여러 종류가 있어. 이건 알코올 온도계인데, 주로 물과 같은 액체나 공기와 같은 기체의 온도를 측정할 때 사용하지."

아이들이 알코올 온도계 주위로 몰려들었다.

"알코올 온도계는 고리, 몸체, 액체샘으로 이루어졌어. 고리는 실을 매달아 거는 부분이고, 제일 아래 빨간색 액체가 모여 있는 부분이 액체샘이야. 온도계를 물에 넣으면 물의 온도에 따라 액체샘의 빨간색 액체가 위로 올라가거나 아래로 내려가지. 지금부터 알코올 온도계로 따뜻한 물과 차가운 물의 온도를 각각 측정해 보자."

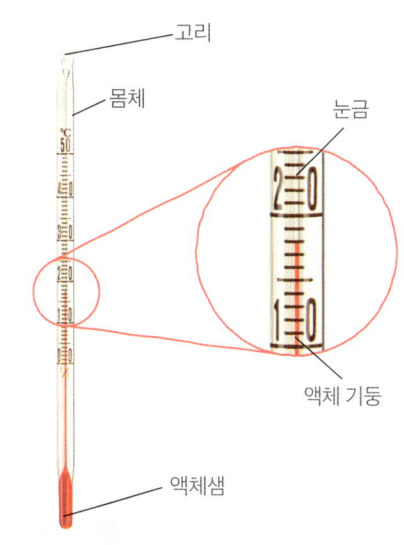

▲ 알코올 온도계의 구조

용선생의 과학 현미경

액체로 보통 빨간색 색소를 섞은 알코올을 사용하지만, 요즘에는 알코올 대신 기름을 쓰기도 해.

① 온도계의 고리에 실을 매달아 스탠드에 걸고, 온도계를 물에 넣어. 이때 액체샘이 비커 바닥에 닿으면 안 돼.

② 빨간색 액체 기둥이 너 이상 움직이지 않을 때까지 기다려.

③ 액체 기둥 끝부분과 눈높이를 수평으로 맞추어 눈금을 읽어.

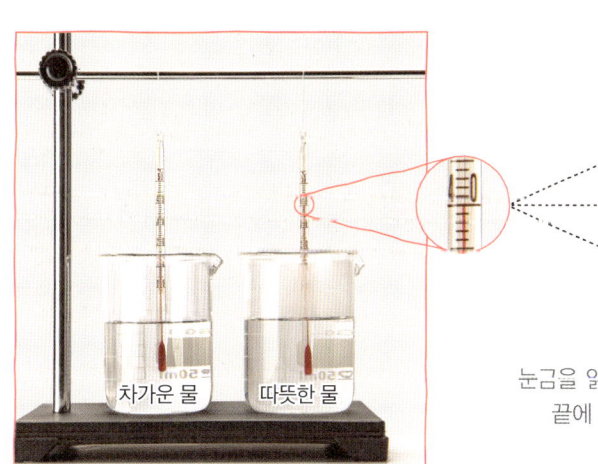

눈금을 읽을 때에는 액체 기둥 끝에 눈높이를 맞추어.

▲ 알코올 온도계로 물의 온도 측정하기

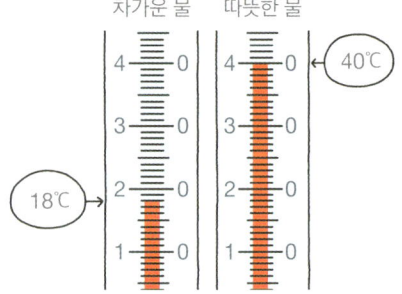

▲ 알코올 온도계의 짧은 눈금 사이의 온도는 보통 1°C에 해당해.

▲ 귀 체온계 체온계의 끝을 귀에 넣고 측정 버튼을 1~2초 정도 누르면 온도 표시 창에 온도가 나타나.

용선생의 과학 현미경

적외선은 빛의 일종으로 눈에 보이지는 않지만 주변의 온도를 높여. 방 안에 사람이 많으면 따뜻한 것도 사람에서 나오는 적외선 때문이야.

곽두기의 낱말 사전

감지 느낄 감(感) 알 지(知). 느끼어 아는 것을 말해.

"따뜻한 물에서는 빨간색 액체가 처음보다 위로 올라가 온도가 40°C가 되었어요!"

"차가운 물에서는 빨간색 액체가 처음보다 아래로 내려가 온도가 18°C가 되었고요!"

"잘 관찰했어. 알코올 온도계는 온도가 높아지면 액체 기둥의 높이가 높아지고, 온도가 낮아지면 액체 기둥의 높이가 낮아져. 그래서 액체 기둥의 끝부분이 가리키는 눈금으로 온도를 측정할 수 있는 거지. 참고로 요즘에는 알코올 온도계 외에 다른 온도계도 많이 사용해."

그러자 곽두기가 손을 번쩍 들고 물었다.

"병원에서 체온을 잴 때 귀에 뭘 넣던데, 그것도 온도계예요?"

"응. 귓속에 넣어 체온을 측정하는 온도계여서 귀 체온계라고 해. 귀 체온계는 적외선 온도계의 일종이야."

"적외선 온도계요? 그건 또 뭐예요?"

"적외선 온도계는 물체가 내보내는 적외선을 감지해서 온도를 측정하는 온도계야. 사람을 포함한 모든 물체는 밖으로 적외선을 내보내는데, 물체의 온도에 따라 적외선이 다르게 나타나거든."

"적외선 온도계는 언제 사용해요?"

"주로 기계나 컵과 같은 고체의 온도를 측정할 때 사용해. 또 공항이나 사람들이 많이 모이는 장소에서 사람들의 체온을 잴 때에도 사용하지."

 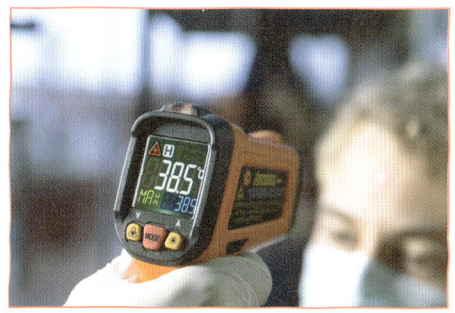

▲ 적외선 온도계를 이용하여 기계의 온도나 체온을 재는 모습

"아, 전에 본 적이 있어요. 그게 적외선 온도계였군요!"

"알코올 온도계가 액체샘이 닿는 부분의 온도를 측정하는 것과 달리, 적외선 온도계는 2~3 cm 거리에서 물체를 겨눈 뒤 측정 버튼만 누르면 되기 때문에 간편해. 그뿐 아니라 알코올 온도계는 액체 기둥의 높이가 더 이상 변하지 않을 때까지 기다려야 하지만 적외선 온도계는 그럴 필요가 없어."

"오, 적외선 온도계는 사용하기 정말 간편하네요!"

"하지만 적외선 온도계는 물질의 표면 온도를 측정하기 때문에 액체 물질의 경우 표면을 정확히 겨눌 수 없어 온

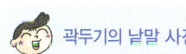 곽두기의 낱말 사전

표면 겉 표(表) 낯 면(面). 사물의 가장 바깥 부분을 말해.

도가 정확하지 않을 수 있어."

"그래서 물의 온도는 알코올 온도계로 측정하는군요!"

핵심정리

알코올 온도계는 주로 액체나 기체의 온도를 측정할 때, 적외선 온도계는 주로 고체의 온도를 측정할 때 사용해.

녹차가 따뜻한 물에 잘 우러나는 까닭

용선생이 가방에서 녹차 티백을 꺼냈다.

"너희들 녹차 좋아하니?"

"아뇨. 저보다는 엄마가 좋아하세요."

허영심이 고개를 가로저으며 말했다.

"그렇구나. 차가운 물과 따뜻한 물 중 어디에서 녹차가 더 잘 우러나는지 아니?"

"저희 엄마는 항상 따뜻한 물에만 녹차를 우리시던데…… 혹시 따뜻한 물인가요?"

"맞아. 그런데 왜 따뜻한 물에서 녹차가 더 잘 우러나는 걸까?"

"글쎄요? 왜 갑자기 녹차 얘기를 꺼내시는 거예요?"

왕수재가 고개를 갸우뚱하며 물었다.

"온도에 대해 좀 더 자세히 알아보려고. 모든 물질은 눈에 보이지 않는 아주 작은 알갱이들로 이루어져 있어. 이런 작은 알갱이를 '입자'라고 해. 물질을 이루는 입자는 한곳에 가만히 있지 않고 끊임없이 스스로 움직이며 운동하는 성질이 있지."

장하다가 물이 들어 있는 비커를 가리키며 물었다.

"그럼 비커에 있는 물 입자도 지금 계속 움직이고 있어요? 비커를 흔들지 않아도요?"

"그렇단다. 우리 눈에는 보이지 않지만 말이야. 물질을 이루는 입자의 운동은 온도와 관련이 있어. 너희들 혹시 보온병에 물을 넣고 세게 흔들어 본 적 있니?"

"아뇨!"

"보온병을 오랫동안 세게 흔들면 물의 온도가 높아져. 보온병을 흔들면 물 입자의 운동이 활발해져 물의 온도가 높아지는 거야. 반대로 물 입자의 운동이 둔해지면 온도가 낮아지지. 이처럼 온도는 물질을 이루는 입자의 운동이 활발한 정도를 나타낸단다."

"오, 신기하다! 저도 오늘 집에 가서 보온병으로 해 봐야

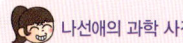

나선애의 과학 사전

운동 시간이 지남에 따라 물체가 이동하여 위치가 변하는 것을 말해.

▲ 보온병을 흔들면 물 입자의 운동이 활발해져 물의 온도가 높아져.

겠어요."

허영심의 말에 용선생이 엄지를 치켜세웠다.

"따뜻한 물은 차가운 물보다 물 입자의 운동이 활발해서 녹차가 물에 더 빨리 퍼져. 그래서 따뜻한 물에서 녹차가 더 잘 우러나는 거지."

"눈에 보이지 않는 입자의 운동이 온도와 관계가 있다니 신기해요!"

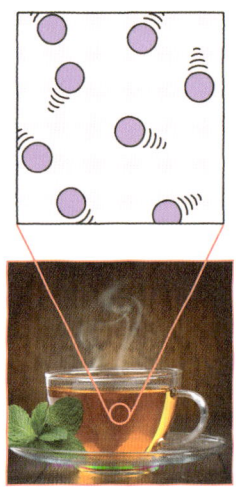 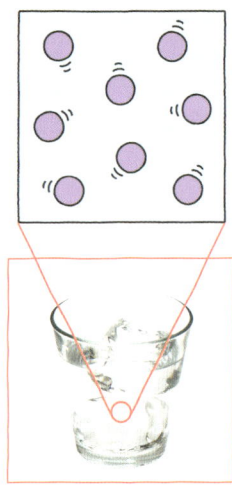

▲ 뜨거운 물은 차가운 물보다 물 입자의 운동이 활발해.

이때 장하다가 입맛을 다시며 말했다.

"녹차가 따뜻한 물에서 더 잘 우러나는 것처럼 코코아도 따뜻한 물에서 더 잘 녹겠네요?"

"그렇지!"

용선생의 과학 현미경

물질이 가질 수 있는 가장 낮은 온도는?

입자 운동은 온도가 낮을수록 둔하다고 했지? 영하 273℃에서는 입자 운동이 둔하다 못해 완전히 멈추게 돼. 영하 273℃는 물질이 가질 수 있는 가장 낮은 온도야.

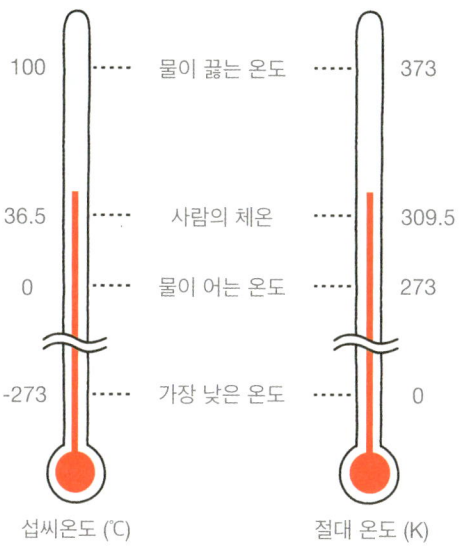

영하 273℃를 0으로 정한 온도가 있는데, 바로 '절대 온도'야. 절대 온도의 단위는 K(켈빈)이고, 과학에서는 주로 절대 온도를 사용해. 절대 온도는 섭씨 온도와 눈금 간격이 같아서 섭씨온도에 273을 더하면 절대 온도가 돼. 예를 들어 섭씨온도로 20℃는 절대 온도로 293K이지.

"코코아로 실험해 보면 이해가 아주 잘될 것 같아요!"
장하다의 말에 용선생이 가방에서 코코아를 꺼냈다.
"그럴 줄 알고 내가 미리 준비했지."
"선생님, 최고!"

 **핵심정리**

온도는 물질을 이루는 입자의 운동이 활발한 정도를 나타내. 온도가 높을수록 입자 운동이 활발하고, 온도가 낮을수록 입자 운동이 둔해.

나선애의 정리노트

1. 온도
① 물질의 차갑거나 따뜻한 정도를 숫자로 나타낸 것
② 단위: ⓐ　　(섭씨도)
③ 기온: 공기의 온도
④ ⓑ　　: 몸의 온도
⑤ 수온: 물의 온도

2. 온도계
① ⓒ　　 온도계: 주로 액체나 기체의 온도를 측정할 때 사용
② ⓓ　　 온도계: 주로 고체의 온도를 측정할 때 사용
• 귀 체온계: 적외선 온도계의 일종으로 귓속에 넣어 체온을 측정함.

3. 입자 운동과 온도
① 물질을 이루는 입자는 한곳에 가만히 있지 않고 끊임없이 스스로 운동하고 있음.
② ⓔ　　 는 입자 운동이 활발한 정도를 나타냄.
③ 온도가 높을수록 입자 운동이 활발하고, 온도가 낮을수록 입자 운동이 둔함.

ⓐ ℃ ⓑ 체온 ⓒ 알코올 ⓓ 적외선 ⓔ 온도

과학퀴즈 달인을 찾아라!

●정답은 119쪽에

01

친구들이 이번 시간에 배운 내용에 대해 이야기하고 있어. 옳으면 O, 옳지 않으면 X를 표시해 줘.

① 온도는 물질의 차갑고 따뜻한 정도를 숫자로 나타낸 거야. (　　)

② 알코올 온도계는 주로 고체의 온도를 측정할 때 사용해. (　　)

③ 온도가 높을수록 입자 운동이 활발해. (　　)

02

아래 힌트를 보고 네모 칸에서 온도를 나타내는 단어 세 개를 찾아서 동그라미로 표시해 줘. 정답은 가로, 세로, 또는 대각선 방향으로 찾으면 돼.

> 힌트
> ① 공기의 온도
> ② 몸의 온도
> ③ 물의 온도

체	중	기	사
온	양	계	온
실	런	돌	솥
수	온	풍	기

| 용선생의 과학 카페 | 용선생의 한국사 카페 | 용선생의 세계사 카페 | |

https://cafe.naver.com/yongyong

용선생의 과학 카페

과학계의 핵인싸,
용선생의 과학 카페에
오신 걸 환영합니다.

[Log in]

MENU

물리면 아프다
화학이 화하하
생물 오징어
지구는 둥글다

생활 속 온도계를 찾아라!

 오늘의 숙제
생활 속에서 쓰이는 온도계를 하나씩 찾아 조사해 오기!

 ▶ 냉장고 온도계

냉장고에 식품을 신선하게 보관하려면 알맞은 온도가 정말 중요해. 그런데 냉장고 문을 여닫을 때마다 냉장고 안의 온도가 변해. 또 안에 식품을 얼마나 많이 넣느냐에 따라서도 온도가 달라질 수 있어. 냉장고 문에 붙어 있는 온도계를 보면 냉장실과 냉동실의 온도가 얼마인지 쉽게 알 수 있어. 냉장고 안의 온도가 너무 높거나 낮으면 온도를 알맞게 조절해 주어야 해.

▲ 냉장고 문의 온도계

 ▶ 음료수병 온도계

음료는 시원해야 제맛이야! 그런데 온도를 재기 위해 음료수병 뚜껑을 매번 열어야 한다면 매우 불편할 거야. 다행히 뚜껑을 열지 않고도 온도를 잴 수 있는 온도계가 있어. 음료수병 온도계는 병에 끼우기만 하면 온도계에 숫자나 색깔로 온도가 표시돼. 부모님이 드시는 와인도 음료수병 온도계로 온도를 잴 수 있대.

▶ 조리용 온도계

음식을 맛있게 만들기 위해서 온도계는 필수야. 조리용 온도계의 특징은 온도계 끝부분에 스테인리스강으로 된 침이 있다는 거야. 스테이크를 만들 때 침을 스테이크에 꽂아 온도를 재면 고기가 속까지 익었는지 쉽게 알 수 있어.

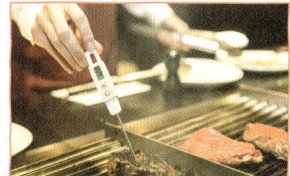

장하다의 오답을 피하는 방법
나선애의 야무진 실험실
왕수재의 아는 척 과학교실
허영심의 별 헤는 밤
곽두기의 빅뱅 따라잡기

▶ 차량용 온도계

자동차 계기판에도 온도계가 있어. 차량용 온도계는 자동차 실내의 온도가 아니라 뜨거운 엔진을 식히는 '냉각수'라는 액체의 온도가 적당한지 확인하기 위한 거야. 온도를 숫자 대신 단순히 H와 C로 표시하는 것도 있는데, H는 온도가 높음, C는 온도가 낮음을 뜻해.

▶ 수족관 온도계

수족관에도 온도계가 필요해. 물고기 종류에 따라 물고기가 잘 살 수 있는 온도가 다르거든. 또 바깥 기온에 따라 수온이 변하는지도 확인할 수 있어. 수족관 온도계는 물속에 있기 때문에 방수가 잘되는 걸 사용해야 해.

COMMENTS

 음료수병 온도계는 처음 들어 보는데?

 나도! 한번 써 보고 싶어!

 온도 잴 새가 어디 있어? 먹기도 바쁜데!

 내 말이!

"와, 이게 다 뭐예요?"

용 선생이 가방에서 딸기와 참외를 꺼내자 장하다가 들뜬 목소리로 물었다.

"날도 더운데 수업 끝나고 다 같이 나눠 먹으려고 준비했지!"

"와, 선생님 최고!"

아이들의 환호에 용 선생이 흐뭇한 미소를 지었다. 그리고 수조에 찬물을 받아 과일을 담갔다.

"선생님! 왜 과일을 찬물에 담가요?"

 ## 뜨거운 것과 차가운 것이 만나면?

곽두기의 물음에 다른 아이들도 "그러게." 하며 고개를

갸웃거렸다.

"찬물에 과일을 담그면 열이 이동해서 과일이 시원해지거든."

"열이 이동한다고요? 어디서 어디로요?"

"그건 실험을 통해 알아보자고!"

용선생은 큰 비커에 찬물을, 작은 비커에 뜨거운 물을 각각 담은 뒤 작은 비커를 큰 비커 안에 넣었다.

"찬물과 뜨거운 물이 접촉해 있을 때 물의 온도가 어떻게 변하는지 알아보는 실험이야. 지금부터 찬물과 뜨거운 물의 온도가 어떻게 변하는지 관찰해 보자."

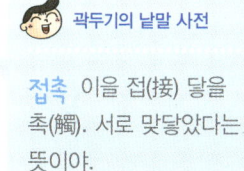

곽두기의 낱말 사전

접촉 이을 접(接) 닿을 촉(觸). 서로 맞닿았다는 뜻이야.

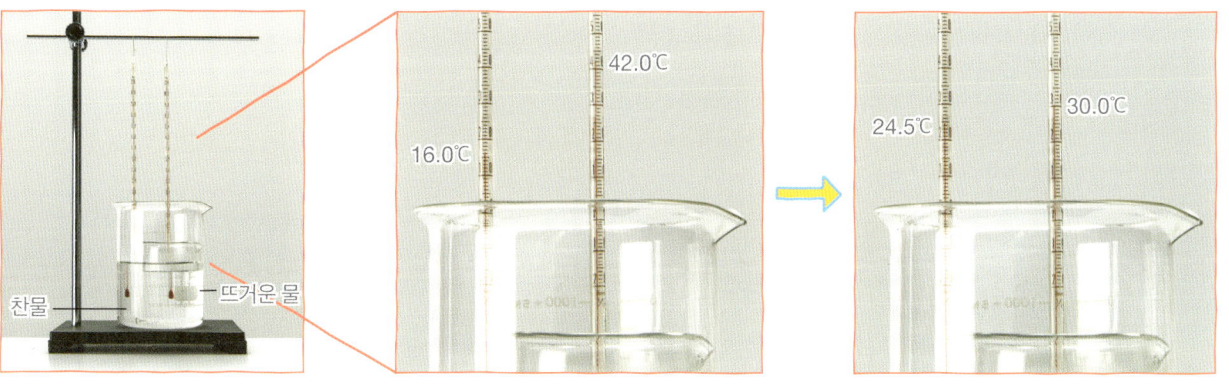

▲ 찬물과 뜨거운 물이 접촉해 있을 때 물의 온도 변화

잠시 뒤 허영심과 곽두기가 동시에 외쳤다.

"뜨거운 물은 온도가 점점 낮아져요!"

"찬물은 온도가 점점 높아지고요!"

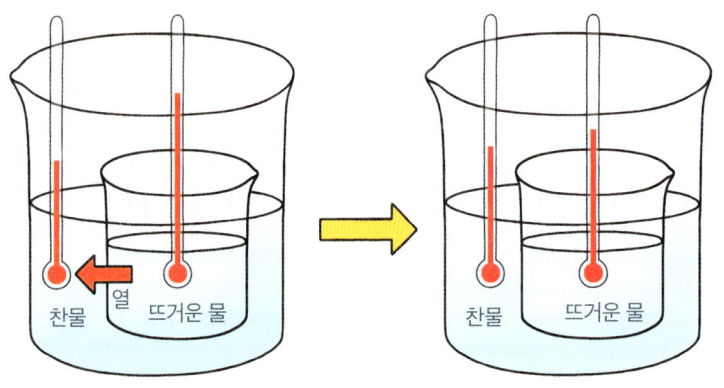

▲ 열은 온도가 높은 물체에서 온도가 낮은 물체로 이동해.

"잘 관찰했어. 방금 본 것처럼 뜨거운 물체와 차가운 물체가 접촉하면 뜨거운 물체의 온도는 점점 낮아지고, 차가운 물체의 온도는 점점 높아져. 접촉한 두 물체의 온도가 변하는 까닭은 온도가 높은 물체에서 온도가 낮은 물체로 열이 이동하기 때문이야."

"뜨거운 물에서 찬물로 열이 이동하는군요!"

"그래. 이처럼 열은 항상 온도가 높은 물체에서 온도가 낮은 물체로 이동해."

이때 장하다가 고개를 갸웃하며 물었다.

"냉장고 문을 열면 차가운 기운이 얼굴에 확 느껴지잖아요. 그때에는 차가운 냉장고에서 나온 냉기가 따뜻한 얼굴로 이동하는 거 아니에요?"

"맞아요. 한겨울에 방바닥이 차가울 때에도 바닥에서 냉기가 올라온다고 어른들이 말씀하시잖아요."

곽두기가 고개를 끄덕이며 맞장구쳤다.

"흠, 그렇게 생각할 수도 있겠구나. 하지만 이때에도

▲ 냉장고 문을 열면 얼굴에서 냉장고로 열이 이동해.

냉기가 이동하는 게 아니라 열이 이동하는 거야. 온도가 높은 얼굴과 몸에서 온도가 낮은 냉장고와 방바닥으로 말이야. 몸 밖으로 열이 이동해 체온이 낮아져서, 마치 냉기가 몸으로 전해지는 것처럼 느끼는 것뿐이지."

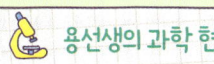 용선생의 과학 현미경

열의 정체를 밝혀라!

뜨거운 물과 찬물이 접촉하면 뜨거운 물에서 찬물로 에너지가 이동해. 물질은 에너지를 얻으면 입자 운동이 활발해지고, 에너지를 잃으면 입자 운동이 둔해져. 찬물과 접촉하여 에너지를 잃은 뜨거운 물은 입자 운동이 둔해져 온도가 낮아지고, 에너지를 얻은 찬물은 입자 운동이 활발해져 온도가 높아지지. 이처럼 온도가 서로 다른 두 물체가 접촉해 있을 때 온도가 높은 물체에서 온도가 낮은 물체로 이동하는 에너지가 '열'이야.

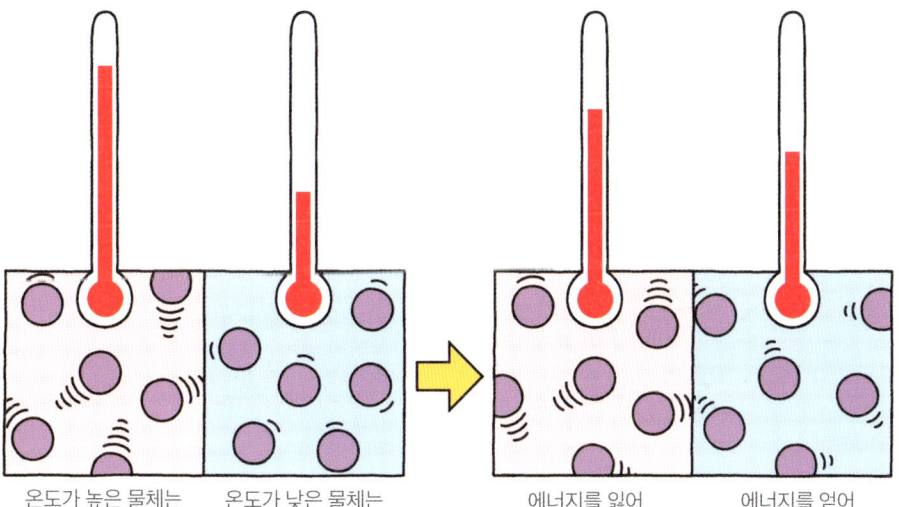

▲ 온도가 다른 두 물체가 접촉해 있을 때

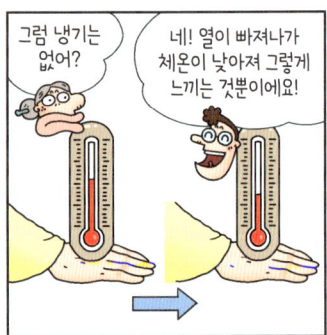

"그럼 냉기라는 건 없어요?"

"그래, 단지 우리의 느낌일 뿐이야."

"아하, 오늘 또 하나 배웠네요!"

핵심정리

온도가 서로 다른 두 물체가 접촉해 있을 때 열은 항상 온도가 높은 물체에서 온도가 낮은 물체로 이동해.

과일을 찬물에 담가 두는 까닭

"열의 이동은 우리 주변에서 늘 일어나는 현상이야. 뜨거운 음식을 공기 중에 두면 음식이 식는 것도 음식에서 공기로 열이 이동하기 때문이지."

"여름에 차가운 음료를 냉장고 밖에 두면 음료가 미지근해지잖아요. 그것도 열이 이동해서 그런 거예요?"

▲ 뜨거운 음식에서 공기로 열이 이동해 음식이 식어.

▲ 공기에서 차가운 음료로 열이 이동해 음료가 미지근해져.

"맞아. 열이 공기에서 음료로 이동하여 음료의 온도가 높아지는 거야."

"와, 열의 이동이 우리 주변에서 이렇게 자주 일어나는 현상인 줄은 몰랐네요!"

"그뿐만이 아니야. 평소에 우리가 뭘 만졌을 때 차갑거나 따뜻하다고 느끼는 건 모두 열의 이동 때문이란다."

"얼음을 만지면 손이 시리잖아요. 이게 열의 이동 때문이라고요?"

"응. 손에서 얼음으로 열이 이동하여 손의 온도가 낮아져 손이 시리다고 느끼는 거야."

"뜨거운 물이 담긴 컵을 만지면 손이 따뜻해지는 것도 열의 이동 때문이겠네요?"

"그렇지. 이때에는 뜨거운 컵에서 손으로 열이 이동해서 손의 온도가 높아져 손이 따뜻하다고 느끼는 거지."

▲ 손에서 얼음으로 열이 이동해 손이 시려.

용선생이 수조 속 과일을 가리키며 말을 이었다.

"우리는 일상생활에서 열의 이동을 많이 이용해. 더운 여름날 과일을 찬물에 담가 두는 것도 그중 하나야."

▲ 딸기에서 찬물로 열이 이동해 딸기가 시원해져.

"오호, 과일이 찬물보다 온도가 높으니까 과일에서 찬물로 열이 이동하는군요?"

"그래서 과일이 시원해지는 거고요?"

"그렇지!"

갑자기 왕수재가 이마를 탁 치며 말했다.

"아하! 어제 아빠가 삶은 달걀을 찬물에 담가 식히신 것도 열의 이동을 이용한 거였네요!"

"맞아. 달걀에서 찬물로 열이 이동하여 달걀이 식은 거지. 그뿐 아니라 달걀을 삶는 것도 열의 이동을 이용하는 거야. 이때에는 끓는 물에서 달걀로 열이 이동해."

"와! 열의 이동이 이렇게 많이 쓰일 줄이야!"

달걀을 끓는 물에 넣어 삶아.

삶은 달걀을 찬물에 담가 식혀.

▲ 열의 이동을 이용하는 예

 **핵심정리**

더운 여름날 과일을 찬물에 담가 두면 과일에서 찬물로 열이 이동하여 과일이 시원해져.

 ## 열은 언제까지 이동할까?

용선생이 목소리를 가다듬고 말했다.

"자, 아까 실험했던 온도계를 다시 확인해 볼까?"

허영심이 온도계를 살펴보고 외쳤다.

"뜨거운 물의 온도가 더 낮아지지 않아요!"

"찬물도 온도가 더 높아지지 않는데요?"

곽두기의 말에 아이들이 온도계를 자세히 보려고 몰려들었다.

"온도가 더 변하지 않는다는 건 열이 이동하지 않는다는 거야. 뜨거운 물과 찬물의 온도를 비교해 봐."

"오, 똑같아요!"

허영심과 곽두기가 양쪽 온도계를 번갈아 보며 말했다.

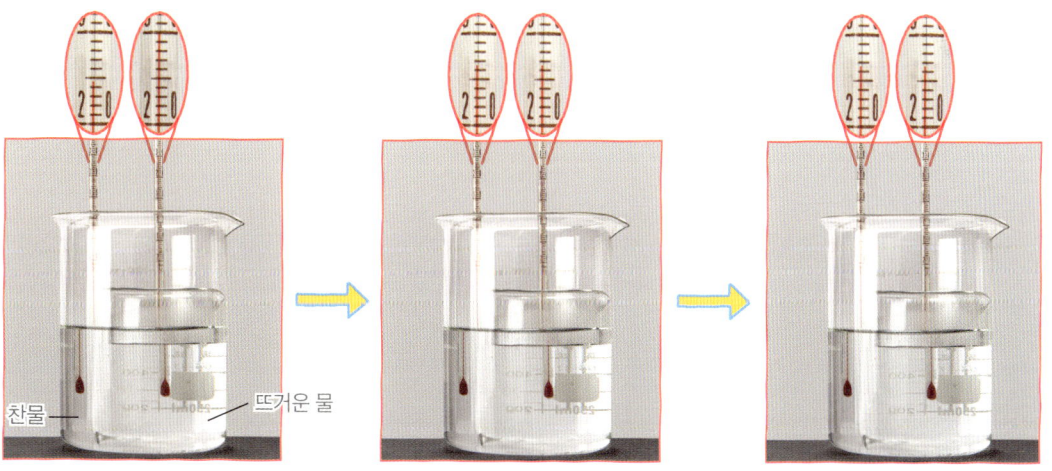

▲ **열평형 상태** 뜨거운 물과 찬물이 접촉하여 온도가 같아지면 열이 이동하지 않아 온도가 일정하게 유지돼.

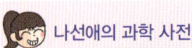

나선애의 과학 사전

평형 평평할 평(平) 저울대 형(衡). 물체가 한쪽으로 기울지 않고 일정한 상태를 유지한다는 뜻이야.

"이처럼 서로 접촉한 두 물체의 온도가 같아지면 열이 이동하지 않아 온도가 일정하게 유지되는데, 이런 상태를 '열평형 상태'라고 해."

"오호, 두 비커에 든 물은 열평형 상태인 거네요?"

"그렇지. 따끈따끈한 빵을 공기 중에 두면 어느 정도 식은 뒤 더 이상 식지 않지? 빵과 공기가 열평형 상태여서 빵의 온도가 그대로인 거야."

"차가운 음료를 밖에 놔두면 미지근해지기만 하고 온도가 계속 높아지지는 않았어요. 이것도 음료와 주변의 공기가 열평형 상태가 되어서군요!"

용선생이 "그래." 하며 알코올 온도계를 가리켰다.

"우리 주변에는 열평형을 이용하는 경우가 많아. 온도계로 물체의 온도를 측정하는 것도 그중 하나야. 온도계가 물체와 접촉한 뒤 시간이 지나면 온도계와 물체가 열평형 상태가 돼. 이때 온도계 눈금을 읽으면 물체의 온도를 알 수 있지."

▲ 온도계와 음식이 열평형 상태가 되어 온도계로 음식의 온도를 측정할 수 있어.

"열평형 상태가 되었는지는 어떻게 알아요?"

"우리가 알코올 온도계로 온도를 측정할 때 액체 기둥의 높이가 더 이상 변하지 않을 때까지 기다리지? 물체와 온도계가 열평형 상태가 될 때까지 기다리는 거야."

"아하, 그렇구나!"

"냉장고에 음식을 넣어 두는 것도 열평형을 이용하는 거야. 냉장고 속 차가운 공기와 음식이 열평형 상태가 되어 음식을 차갑게 보관할 수 있지. 냉장고 안의 음식들은 열평형 상태여서 온도가 모두 같아."

▲ 냉장고 속 찬 공기와 음식이 열평형 상태가 되어 음식을 차갑게 보관할 수 있어.

그때 장하다가 입맛을 다시며 물었다.

"선생님, 그나저나 과일은 언제 먹나요?"

"좋아, 간식 타임 시작!"

핵심정리

온도가 다른 두 물체가 접촉하면 결국 두 물체의 온도가 같아져 열이 이동하지 않아. 그럼 물체의 온도가 일정하게 유지되는데, 이런 상태를 열평형 상태라고 해.

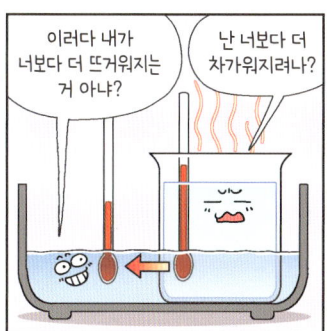

나선애의 정리노트

1. 열의 이동
① 열은 항상 온도가 ⓐ〔   〕물체에서 온도가 ⓑ〔   〕물체로 이동함.
② 온도가 다른 두 물체가 접촉하면 열이 이동하여 온도가 높은 물체는 온도가 낮아지고, 온도가 낮은 물체는 온도가 높아짐.

2. 열의 이동을 이용하는 예
① 과일을 찬물에 담가 두면 열이 ⓒ〔   〕에서 ⓓ〔   〕로 이동하여 과일이 시원해짐.
② 삶은 달걀을 찬물에 담가 두면 열이 달걀에서 찬물로 이동하여 달걀이 식음.
③ 끓는 물에 달걀을 넣으면 열이 뜨거운 물에서 달걀로 이동하여 달걀이 삶아짐.

3. 열평형 상태
① 접촉한 두 물체의 온도가 같아져서 열이 이동하지 않아 물체의 ⓔ〔   〕가 더 이상 변하지 않는 상태
② 열평형을 이용하는 예
 • 알코올 온도계로 온도를 측정함.

ⓐ 높은 ⓑ 낮은 ⓒ 과일 ⓓ 찬물 ⓔ 온도

과학퀴즈 달인을 찾아라!

●정답은 119쪽에

01

친구들이 이번 시간에 배운 내용에 대해 이야기하고 있어. 옳으면 O, 옳지 않으면 X를 표시해 줘.

① 열은 항상 온도가 높은 물체에서 온도가 낮은 물체로 이동해. (   )

② 수박을 찬물에 담가 두면 열이 수박에서 찬물로 이동해. (   )

③ 열은 물체의 온도가 0℃가 될 때까지 이동해. (   )

02

아래 그림에서 열이 이동하는 방향을 동그라미 안에 화살표로 각각 표시해 봐.

얼음 ○ 생선

이마 ○ 얼음주머니

공기 ○ 아이스크림

손 ○ 손난로

3교시 | 전도

그네 안장을 나무로 만드는 까닭은?

그넷줄이 너무 차가워서 만지지 못하겠어.

안장은 그렇게 차갑지 않은데?

"으, 추워! 날도 추운데 꼭 바깥에서 놀아야 해?"

"노는데 추위가 무슨 상관이야?"

왕수재와 장하다는 티격태격하며 놀이터에 도착했다. 그네를 발견한 장하다가 재빨리 달려가 쇠 그넷줄을 잡았다.

"앗, 차가워!"

"그것 봐! 내가 춥다고 했지?"

왕수재가 피식 웃으며 그네에 앉았다.

"근데 나무로 된 그네 안장은 별로 안 차가운데?"

장하다가 "설마!" 하며 그네 안장에 손을 대 보았다.

"어라, 정말이네? 둘 다 바깥에 있는데 왜 쇠 그넷줄이 더 차갑지?"

고체에서 열은 어떻게 이동할까?

과학 시간이 시작되자마자 장하다가 물었다.

"선생님, 놀이터 그넷줄은 엄청 차가운데 그네 안장은 덜 차가워요. 둘 다 바깥에 있는데 왜 온도가 달라요?"

허영심도 손을 번쩍 들고 말했다.

"저도 생각난 게 있어요. 얼마 전 엄청 추운 날 버스 정류장에서 쇠로 된 부분을 손으로 만졌더니 손이 엄청 시렸는데, 플라스틱 의자는 그렇지 않았어요."

"사실 그넷줄과 그네 안장은 온도가 같아. 둘 다 바깥에 오래 있어서 주변 공기와 열평형 상태이거든. 버스 정류장의 쇠와 플라스틱도 마찬가지로 온도가 같단다."

"근데 만졌을 때 왜 다르게 느껴져요?"

"그건 열의 이동과 관련이 있어. 열이 이동하는 방법은 여러 가지인데, 그네와 같은 고체에서는 열이 어떻게 이동하는지 실험으로 알아보자."

용선생은 모양이 다른 구리판 세 개를 꺼내 구리판 뒤에 열 변색 붙임딱지를 붙였다.

"구리판의 한쪽 끝을 가열하면 가열한 부분의 온도가 높아져 열이 이동해. 이때 열 변색 붙임딱지의 색깔이 변하

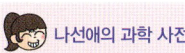

나선애의 과학 사전

열 변색 붙임딱지 온도에 따라 색깔이 변하도록 만들어진 종이야.

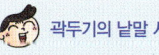

곽두기의 낱말 사전

가열 더할 가(加) 열 열(熱). 열을 가하여 덥히는 걸 말해.

는 방향을 보면 구리판에서 열이 이동하는 방향을 알 수 있어."

"오, 재밌겠다. 얼른 해 봐요!"

▲ 구리판 한쪽 끝을 가열하면 열이 이동하여 열 변색 붙임딱지의 색깔이 변해.

"양초 바로 윗부분의 색깔이 맨 처음 변해요!"

"양초에서 먼 쪽으로 색깔이 차츰 변해가요!"

"방금 관찰한 것처럼 고체에서 열은 온도가 높은 곳에서 낮은 곳으로 고체 물질을 따라 이동해. 이러한 열의 이동을 '열전도', 또는 줄여서 '전도'라고 하지."

"구리판이 끊긴 쪽은 색깔이 잘 변하지 않는데요?"

곽두기가 세 번째 구리판을 가리키며 말했다.

"전도가 일어날 때 열은 연결된 물질을 따라 이동해. 구리판이 끊긴 쪽은 열을 전달할 고체 물질이 없으니 그쪽으로는 열이 잘 이동하지 않아 색깔이 변하지 않은 거야."

"물체가 연결돼 있어야 전도가 일어나는군요!"

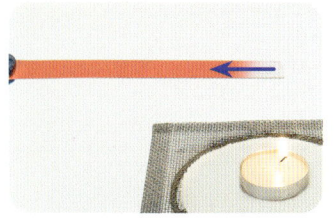
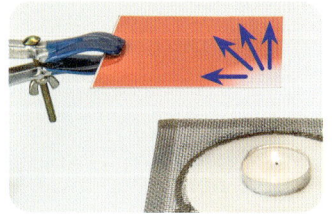
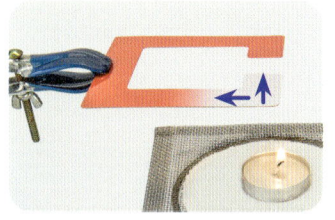

▲ **구리판을 가열할 때 열이 이동하는 방향** 열이 구리판을 따라 이동해.

"그렇지. 평소에 전도가 일어나는 걸 경험해 본 적이 많을 거야. 뜨거운 찌개에 숟가락을 넣어 두었다가 숟가락이 위까지 뜨거워져 깜짝 놀란 적 있니?"

"네, 있어요!"

"전도가 일어나 열이 숟가락 위까지 이동하여 숟가락이 뜨거워진 거야."

"숟가락은 모두 연결되어 있으니까 열이 숟가락을 따라 위까지 이동했군요!"

"그렇지. 전도는 서로 접촉해 있는 두 물체 사이에서도 일어나. 예를 들어, 다리미로 옷을 다릴 때에는 열이 다리미에서 옷으로 이동해. 옷과 다리미가 닿을 때 전도가 일어나는 거야."

"오호, 그래서 다리미를 옷에 꾹꾹 누르며 다리미질하나 봐요! 둘이 바짝 닿아야 전도가 잘 일어날 테니까요."

"맞아. 너희들 구운 생선 좋아하니? 프라이팬으로 생선을 구울 때에는 프라이팬에서 생선으로 열이 이동해 생선이 구워지는데, 이때 열이 이동하는 방법도 전도란다."

▲ 전도 때문에 뜨거운 찌개에 넣어 둔 숟가락이 위까지 뜨거워져.

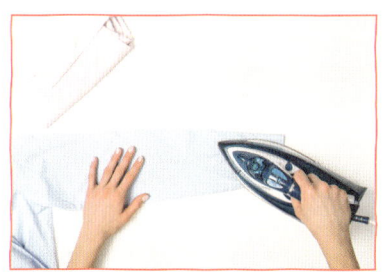 

▲ **전도가 일어나는 예** 다리미에서 옷으로, 프라이팬에서 생선으로 열이 이동해.

"오, 생선이 프라이팬 바닥과 닿아 있어 전도가 일어나는군요!"

핵심정리

고체에서 열은 온도가 높은 곳에서 낮은 곳으로 고체 물질을 따라 이동해. 이러한 열의 이동을 전도라고 해.

전도는 어디에서 잘 일어날까?

"근데 전도는 고체에서만 일어나나요?"

왕수재가 안경을 고쳐 쓰며 물었다.

"액체나 기체에서도 전도가 일어나긴 하지만 고체에 비해 열이 매우 느리게 이동해."

"왜요?"

"먼저 전도를 통해 열이 이동하는 원리부터 알아보자. 모든 물질은 입자로 이루어졌다는 거 기억하지?"

"네!"

"온도가 높으면 입자 운동이 활발하다는 것도?"

"그럼요!"

"사람들로 꽉 찬 지하철에서 옆 사람이 계속 움직인다고 생각해 봐. 그럼 옆 사람과 자꾸 부딪히니까 가만히 서 있기 힘들 거야. 전도가 일어나는 것도 이와 비슷해. 온도가 높은 쪽의 입자들은 운동이 활발하여 주변 입자와 많이 부딪힌단다. 그럼 주변 입자도 덩달아 운동이 활발해지지."

"입자 운동이 활발해지면 온도가 높아지겠네요?"

"그렇지! 이렇듯 전도는 온도가 높은 쪽의 입자 운동이 이웃한 입자에 차례로 전달되어 열이 이동하는 거야."

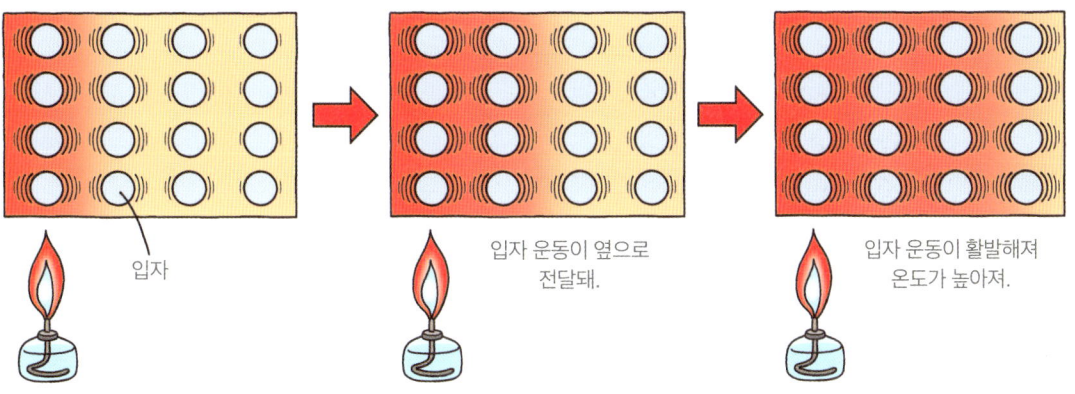

▲ 입자 운동이 이웃한 입자에 차례로 전달되어 전도가 일어나.

"아, 전도는 입자 운동이 전달되는 거군요!"

"그게 액체와 기체에서 전도가 잘 일어나지 않는 것과 무슨 상관이에요?"

곽두기가 고개를 갸웃하며 물었다.

"고체는 입자들이 서로 매우 가까이 있어. 그래서 입자들이 서로 부딪히기 쉬워."

"아하, 그래서 고체에서는 전도가 잘 일어나는군요!"

"맞아. 반면에 액체는 고체에 비해 입자들이 서로 멀리 떨어져 있어. 기체는 액체보다도 입자들이 훨씬 더 멀리 떨어져 있지."

"입자들이 서로 멀리 떨어져 있으면 덜 부딪히겠네요?"

"응. 그래서 액체와 기체에서는 전도가 잘 일어나지 않는 거야."

▲ 액체와 기체는 고체에 비해 입자들이 멀리 떨어져 있어 전도가 잘 일어나지 않아.

"고체는 모두 열을 잘 전도해요?"

"고체도 종류에 따라 달라. 은, 구리, 금, 알루미늄, 철과 같은 금속은 열을 잘 전도하고, 나무, 유리, 고무, 플라스틱, 스타이로폼, 콘크리트, 천, 종이는 열을 잘 전도하지 않아."

왕수재가 손을 들고 물었다.

"그넷줄이 그네 안장보다 훨씬 더 차갑게 느껴지는 것도 전도와 상관이 있어요?"

"응. 쇠로 된 그넷줄은 열을 잘 전도하고, 나무로 된 그네 안장은 열을 잘 전도하지 않아. 겨울에는 체온이 바깥에 있는 물체의 온도보다 높아서 물체를 만지면 열이 손에서 물체로 이동해. 쇠는 열을 잘 전도하니까 쇠를 만지면 열이 순식간에 손에서 쇠로 빠져나가지."

"아하, 그래서 쇠 그넷줄이 차갑게 느껴지는 거군요!"

"반면에 나무 그네 안장은 열을 잘 전도하지 않아서 만졌을 때 손에서 열이 천천히 빠져나가. 그래서 덜 차갑게 느껴지지. 플라스틱 의자도 마찬가지야."

허영심이 고개를 끄덕이며 말했다.

"플라스틱도 열을 잘 전도하지 않아 만졌을 때 덜 차갑게 느껴지는 거군요! 이제 의문이 풀렸어요."

▲ 쇠로 된 그넷줄은 열을 잘 전도하여 만지면 차갑게 느껴지고, 나무로 된 안장은 열을 잘 전도하지 않아 덜 차갑게 느껴져.

핵심정리

전도는 입자 운동이 이웃한 입자에 차례로 전달되어 일어나. 액체와 기체는 입자 사이의 거리가 멀어 전도가 잘 일어나지 않아. 고체 중에서 금속은 열을 잘 전도하고, 나무, 고무, 플라스틱 등은 열을 잘 전도하지 않아.

 ## 창문에 뽁뽁이를 붙이면 따뜻한 까닭

"열을 잘 전도하는 물질과 잘 전도하지 않는 물질 중 어떤 게 더 쓸모 있어요?"

장하다가 고개를 갸우뚱하며 물었다.

"둘 다 중요해. 쓰임새에 따라 둘 다 필요하거든. 예를 들어 프라이팬, 냄비, 주전자의 바닥은 열이 빨리 이동하도록 열을 잘 전도하는 금속으로 만들어."

"그렇겠네요! 다리미 바닥도 금속으로 만들죠?"

"응. 다리미 바닥에서 옷으로 열이 빨리 이동하도록 말이야. 너희들 컴퓨터 방열판이라고 들어 봤니?"

아이들이 고개를 저었다.

"컴퓨터를 오래 사용하면 뜨거워져. 그래서 열을 바깥으로 내보내기 위해 컴퓨터에 방열판을 설치하는데, 방열판을 만들 때에는 열을 잘 전도하는 구리나 알루미늄을 사용해."

"열의 전도를 컴퓨터에도 이용하는군요!"

"열을 잘 전도하지 않는 물질은 어디에 이용해요?"

"프라이팬, 냄비, 주전자, 다리미 등의 손잡

▲ **알루미늄 방열판** 방열판은 열을 내놓는 판이라는 뜻이야.

▲ 주전자와 다리미의 바닥은 열을 잘 전도하는 금속으로, 손잡이는 열을 잘 전도하지 않는 플라스틱으로 만들어.

이를 만들 때 이용하지. 그래야 잡아도 뜨겁지 않으니까."

"아하, 그래서 주전자 손잡이가 플라스틱인 거구나!"

"뜨거운 물체를 잡을 때 사용하는 주방 장갑도 열을 잘 전도하지 않는 천으로 만들어. 그뿐 아니라 주방 장갑 안에는 솜이 들어 있어 솜 사이사이의 공기가 열이 이동하는 걸 한층 더 막아 주지. 공기는 기체여서 전도가 잘 일어나지 않거든. 그래서 주방 장갑으로 뜨거운 걸 잡아도 괜찮은 거야."

▲ 오븐 석쇠는 열이 잘 이동하도록 금속으로, 주방 장갑은 열이 잘 이동하지 않도록 안에 솜이 들어 있는 천으로 만들어.

"오호, 천은 열을 잘 전도하지 않는데, 그 안에 공기까지 있으니 열이 거의 이동하지 못하겠네요!"

"주방 장갑 외에도 우리 주변에는 공기를 이용하여 전도를 막는 경우가 아주 많아."

용선생이 허영심의 패딩 점퍼를 가리키며 말했다.

"패딩 점퍼는 깃털 사이사이에 공기가 많이 들어 있어. 그래서 한겨울에 패딩 점퍼를 입으면 열이 몸 바깥으로 잘 빠져나가지 않지."

"아, 그래서 패딩 점퍼를 입으면 따뜻한 거구나!"

"너희들 혹시 겨울에 두꺼운 옷을 한 벌 입는 것보다 얇은 옷을 여러 겹 입는 게 더 따뜻하다는 거 아니?"

"네! 엄마가 그러셨어요. 근데 왜 그런 거예요?"

"얇은 옷을 여러 겹 껴입으면 옷 사이의 공기 때문에 열이 몸 바깥으로 잘 빠져나가지 않아. 또 창문에 뽁뽁이를 붙이면 겨울에 집안이 더 따뜻한데, 이것 역시 뽁뽁이 비닐 사이에 공기가 들어 있어서 집안의 열이 잘 빠져나가지 않기 때문이야."

▲ 패딩 점퍼와 창문 뽁뽁이는 안에 공기가 많아 열이 바깥으로 잘 빠져나가지 않아.

"공기가 열을 잘 전도하지 않아 참 다행이에요!"

"두 물질 사이에서 열의 이동을 줄이거나 막는 것을 단열이라고 해. 건물을 지을 때 단열이 잘되도록 벽, 바닥, 지붕 등에 열을 잘 전도하지 않는 재료를 사용하는데, 이런 재료를 '단열재'라고 하지."

"단열이 잘되면 좋은 거죠?"

"그럼! 단열이 잘되면 겨울에는 집안에서 바깥으로 열이 잘 빠져나가지 않고, 여름에는 바깥에서 집안으로 열이 잘 들어오지 않아서 실내 온도를 일정하게 유지할 수 있지."

갑자기 허영심이 주섬주섬 가방을 싸기 시작했다.

"영심아, 어디 가려고?"

"운동장에 나가서 어떤 게 열을 잘 전도하고 어떤 게 열을 잘 전도하지 않는지 직접 만져 확인해 보려고요!"

"지금 바깥은 엄청 추울 텐데……."

왕수재가 몸을 으스스 떨며 말했다.

"괜찮아! 내 패딩 점퍼의 공기가 열이 빠져나가는 걸 막아 줄 테니까!"

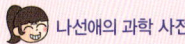 나선애의 과학 사전

단열 끊을 단(斷) 열 열(熱). 물체와 물체 사이에 열이 통하지 않도록 막는 것을 말해.

▲ 열의 이동을 막기 위해 바닥에 단열재를 사용해.

 핵심정리

조리 기구의 바닥은 열을 잘 전도하는 물질로, 손잡이는 열을 잘 전도하지 않는 물질로 만들어. 패딩 점퍼나 창문의 뽁뽁이는 열을 잘 전도하지 않는 공기를 이용하여 열의 이동을 막아.

나선애의 정리노트

1. 전도
① 온도가 높은 곳에서 낮은 곳으로 물질을 따라 열이 이동하는 방법
② 물질을 이루고 있는 입자의 ⓐ [   ] 이 이웃한 입자에 차례로 전달되어 일어남.

2. 물질의 종류에 따른 열의 전도
① ⓑ [   ] 와 기체는 열을 잘 전도하지 않음.
② 고체는 물질의 종류에 따라 다름.
  • 열을 잘 전도하는 물질은 조리 기구나 다리미의 바닥 등에 이용함.
    [예] 은, 구리, 금, 알루미늄, 철 등의 ⓒ [   ]
  • 열을 잘 전도하지 않는 물질은 조리 기구의 손잡이 등에 이용함.
    [예] 나무, 유리, 고무, 플라스틱, 스타이로폼, 콘크리트, 천, 종이

3. 단열
① 두 물질 사이에서 열의 이동을 줄이거나 막는 것
  [예] 창문에 뽁뽁이를 붙임.
      건물을 지을 때 벽, 바닥, 지붕 등에 열을 잘 전도하지 않는 ⓓ [   ] 를 사용함.

ⓐ 운동 ⓑ 액체 ⓒ 금속 ⓓ 단열재

 # 과학퀴즈 달인을 찾아라!

●정답은 119쪽에

01

친구들이 이번 시간에 배운 내용에 대해 이야기하고 있어. 옳으면 O, 옳지 않으면 X를 표시해 줘.

① 전도는 액체와 기체에서 잘 일어나. (　　)
② 전도는 입자 운동이 이웃한 입자에 차례로 전달되어 일어나. (　　)
③ 고체는 종류에 상관없이 모두 열을 잘 전도해. (　　)

02

장하다가 그네를 타러 놀이터를 찾아가고 있어. 열을 잘 전도하는 물질을 따라가면 미로를 탈출해 놀이터에 도착할 수 있대. 장하다가 미로를 빠져나갈 수 있게 도와줘.

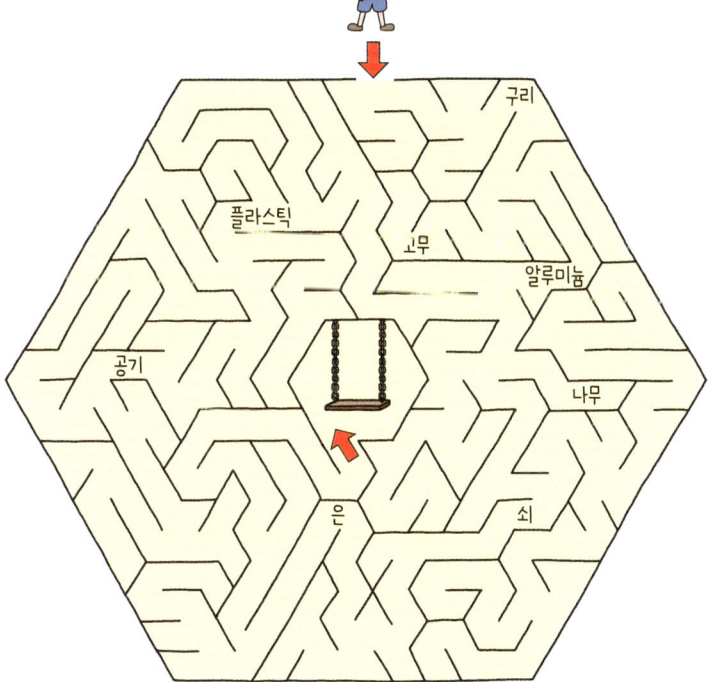

https://cafe.naver.com/yongyong

용선생의 과학 카페

과학계의 핵인싸,
용선생의 과학 카페에
오신 걸 환영합니다.

Log in

오늘은 어떤 재미난 지식을 올려 볼까?

MENU

물리면 아프다
화학이 화하하
생물 오징어
지구는 둥글다

단열의 끝판왕, 패시브 하우스!

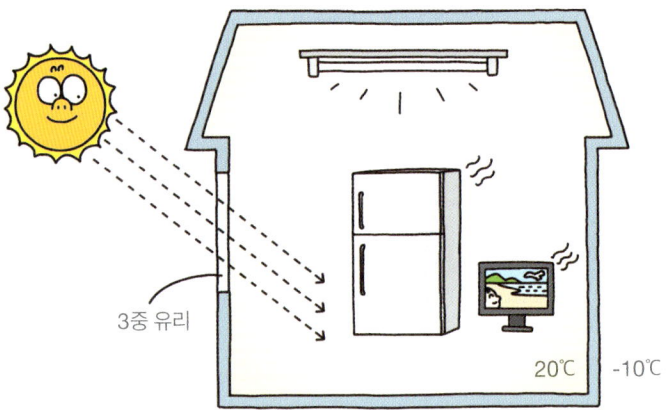

3중 유리   20℃   -10℃

▲ **패시브 하우스** 열의 이동을 최대한 막고 실내 전기 기구에서 나오는 열을 최대한 이용해. 패시브(Passive)는 수동적, 그러니까 적극적으로 냉난방 기구를 이용하지 않는다는 뜻이고, 하우스(House)는 집이라는 뜻이야.

'패시브 하우스'라는 건축물을 아니? 패시브 하우스는 냉난방 기구를 최소한으로 사용하면서 실내 온도를 적절히 유지하는 건축물을 말해. 겨울에는 건물 안의 따뜻한 공기가 밖으로 빠져나가지 못하게, 여름에는 바깥의 뜨거운 공기가 안으로 들어오지 못하게 집을 지으면 냉난방 기구를 많이 사용하지 않아도 실내 온도를 적절히 유지할 수 있어.

패시브 하우스에서 제일 중요한 건 단열이야. 패시브 하우스는 벽, 바닥, 지붕에 열을 잘 전도하지 않는 첨단 단열재를 사용해. 또 창문을 서너 겹의 유리로 만들고 유리 사이에는 열을 잘 전도하지 않는 기체를 넣어 열이 이동하는 걸 막아.

한편 쾌적한 실내 공기를 위해서는 환기를 자주 해야 하는데, 이때 창문을 활짝 열면 열이 빠져나가거나 들어와. 패시브 하우스는 환기할 때 열이 이동하는 것을 최대한 막기 위해 창문 대신 특수

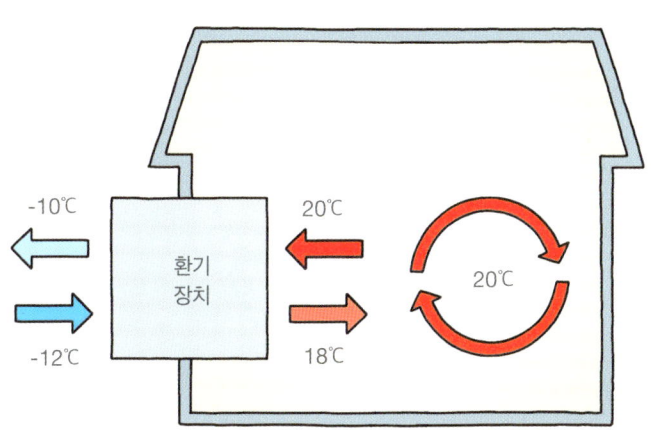

▲ 환기할 때 열이 이동하는 것을 막기 위해 특수한 환기 장치를 이용해.

한 환기 장치를 이용해. 이 장치는 신선한 바깥 공기와 오염된 실내 공기를 서로 섞지 않은 채로 접촉시켜 온도 차이를 줄인 뒤 환기시켜.

패시브 하우스는 1990년 독일에서 처음 지어졌어. 우리나라는 2017년 충북 청주에 처음 지어졌는데, 에너지 절약이 중요해지면서 패시브 하우스에 대한 관심도 점점 높아지고 있어.

▲ 독일 다름슈타트에 있는 최초의 패시브 하우스

장하다의 오답을 피하는 방법
나선애의 야무진 실험실
왕수재의 아는 척 과학교실
허영심의 별 헤는 밤
곽두기의 빅뱅 따라잡기

COMMENTS

난방 기구 대신 냉장고와 텔레비전에서 나오는 열을 이용한대!

그래? 앞으로 냉장고랑 텔레비전을 더 많이 써야겠군!

먹고 텔레비전 보려는 건 아니고?

4교시 | 대류와 복사

화덕에서 피자가 구워지는 원리는?

오, 이 맛있는 냄새는 뭐지?

화덕 피자 냄새란다!

"아, 추워!"

허영심이 양손을 비비며 말했다.

"나도 발 시려! 온풍기에 무슨 문제가 있나 봐."

왕수재가 어깨를 잔뜩 웅크린 채 과학실 천장의 온풍기를 쳐다보며 말했다.

"그게 아니라 온풍기를 천장에 설치해서 그래."

용선생의 목소리에 왕수재가 깜짝 놀라며 물었다.

"그럼 온풍기를 어디에 설치해야 하는데요?"

 **액체에서 열은 어떻게 이동할까?**

"액체와 기체에서 열이 어떻게 이동하는지 알면 온풍기

를 어디에 설치하는 게 좋은지 알 수 있어."

"액체와 기체에서는 전도가 잘 일어나지 않는다고 하셨잖아요. 액체와 기체에서도 열이 이동한다고요?"

나선애가 공책을 뒤적이며 물었다.

"그래. 전도가 아니라 다른 방법으로 열이 이동하지. 먼저 액체에서 열이 이동하는 방법부터 알아보자."

용선생은 가운데에 칸막이가 있는 수조를 꺼냈다.

"오, 실험으로 알아보는 거예요?"

"응. 수조 한쪽에는 뜨거운 물을, 다른 쪽에는 차가운 물을 넣고 가운데 칸막이를 뺄 거야. 이때 뜨거운 물과 차가운 물이 각각 어떻게 이동하는지 관찰하면 돼."

용선생은 말을 마치고 수조에서 칸막이를 빼냈다.

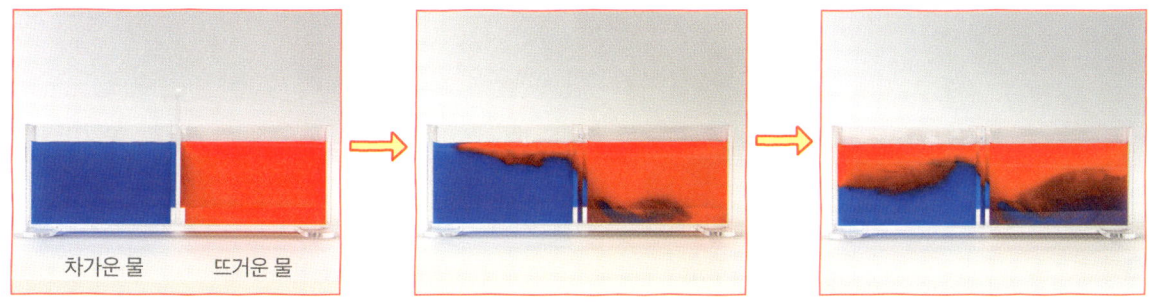

▲ 차가운 물과 뜨거운 물이 접촉할 때

"뜨거운 물은 위로 올라가요!"

"차가운 물은 아래로 내려가고요!"

▲ 물을 가열할 때 물 입자의 이동 방향

"방금 본 것처럼 액체는 온도가 높으면 위로 올라가고, 온도가 낮으면 아래로 내려가."

"오, 신기하다!"

"냄비에 물을 담고 가스레인지로 가열하면 물 전체가 뜨거워지는 것도 이런 원리야. 냄비 바닥에 있는 물은 온도가 높아져 위로 올라가고, 위에 있던 물은 아래로 밀려 내려오지. 아래로 내려온 물은 가열돼 온도가 높아져 다시 위로 올라가고."

"그럼 위에 있던 물은 다시 아래로 내려오겠네요?"

"그렇지. 이런 과정이 계속 반복되면서 시간이 지나면 물 전체가 뜨거워진단다."

"물이 돌고 돌면서 물 전체가 뜨거워지는 거군요!"

"이처럼 온도가 높아진 물질이 위로 올라가고, 위에 있던 물질이 아래로 밀려 내려와 열이 이동하는 방법을 '대류'라고 해. 액체에서는 주로 대류를 통해 열이 이동하지."

"액체는 전도가 아니라 대류로 열이 이동하네요."

나선애가 공책에 '대류'라고 적으며 말했다.

"전도와 대류에는 큰 차이점이 있어. 그게 뭔지 아니?"

"어…… 글쎄요?"

"전도가 일어날 때에는 물질을 이루는 입자가 직접 이동하지 않지만, 대류가 일어날 때에는 입자가 직접 이동한다는 거야."

"좀 더 자세히 설명해 주세요."

장하다가 머리를 긁적이며 말했다.

"구리판 한쪽 끝을 가열하면 전도가 일어나 구리판이 반대쪽까지 뜨거워져. 이때 온도가 높은 쪽에 있던 구리 입자가 직접 반대쪽으로 이동하지는 않아. 온도가 높아 운동이 활발한 입자가 주변 입자와 부딪혀 입자 운동이 차례로 전달되어 열이 이동하는 거지."

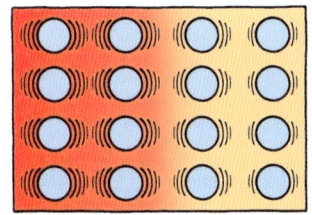

"아하! 입자 운동이 전달되지, 구리 입자가 직접 이동하는 건 아니군요."

"그렇단다. 반면에, 액체에서 일어나는 대류는 액체 입자가 직접 위아래로 이동하니까 전도와는 다르지."

왕수재가 안경을 고쳐 쓰며 물었다.

"근데, 고체에서는 대류가 일어나지 않아요?"

"응. 고체 입자들은 온도가 높아져도 직접 이동할 수 없어서 고체에서는 대류가 일어나지 않아. 고체에서 열이 이

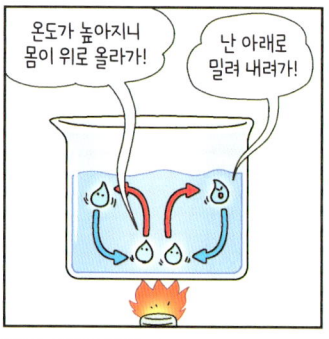

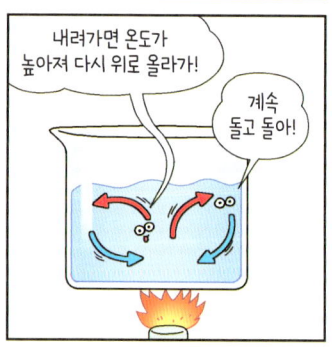

동하는 방법은 전도야."

"아하, 열이 이동하는 방법이 고체는 전도, 액체는 대류라고 기억하면 되겠군요!"

핵심정리

온도가 높아진 물질이 위로 올라가고 위에 있던 물질이 아래로 내려와 열이 이동하는 방법을 대류라고 해. 대류가 일어날 때에는 물질을 이루는 입자가 직접 이동해. 액체에서는 주로 대류를 통해 열이 이동하지.

 온풍기는 어디에 설치해야 좋을까?

아이들이 고개를 끄덕이자 용선생이 말을 이었다.

"액체에서 열이 이동하는 방법을 알았으니, 이제 기체에서 열이 이동하는 방법을 알아보자."

"네, 좋아요!"

"너희들 촛불 켜 봤지? 혹시 촛불 옆보다 위가 더 뜨겁다는 사실 아니?"

"촛불 위가 더 뜨겁다고요? 몰랐어요!"

장히다가 깜짝 놀란 목소리로 말했다.

"공기는 열을 잘 전도하지 않는다고 했지? 그래서 촛불 옆은 그다지 뜨겁지 않아."

그러자 왕수재가 고개를 갸웃하며 물었다.

"그럼 촛불 위도 뜨겁지 않아야 하는 거 아니에요? 촛불 위의 공기도 열을 잘 전도하지 않을 테니까요."

"기체도 액체와 마찬가지로 온도가 높아지면 위로 올라가는 성질이 있어. 촛불 주위에서 뜨거워진 공기가 위로 올라가니까 촛불 위는 옆보다 더 뜨겁지."

▲ 촛불은 옆보다 위가 더 뜨거워.

나선애가 손을 번쩍 들고 물었다.

"기체도 액체처럼 뜨거워지면 위로 올라가네요! 그럼 혹시 기체에서도 대류가 일어나나요?"

"맞아! 기체에서도 대류를 통해 열이 이동해. 보일러를 틀면 실내 공기 전체가 따뜻해지는 것도 대류 때문이야. 보일러를 틀면 바닥 근처에 있던 공기는 온도가 높아져 위로 올라가고, 위에 있던 찬 공기는 아래로 내려오지. 아래로 내려온 공기는 온도가 높아져 다시 위로 올라가고."

"물이 끓을 때처럼 공기가 돌고 돌아 실내 공기 전체가 따뜻해지는 거네요!"

"그렇지! 에어컨을 틀면 과학실 전체가 시원해지는 것도 대류를 통해 열이 이동해서야."

기체는 대류를 통해 열이 이동해!

"에어컨을 틀면 찬 공기가 나와 시원해지잖아요. 그것도 열이 이동해서라고요?"

허영심이 고개를 갸웃하며 물었다.

"에어컨을 틀면 에어컨에서 나오는 찬 공기는 아래로 내려오고, 아래에 있던 따뜻한 공기는 위로 올라가면서 대류가 일어나 전체 공기가 시원해져. 실내 온도가 낮아질 뿐, 열이 이동하는 건 마찬가지란다."

"아하, 그렇구나!"

"좋아, 여기서 퀴즈! 실내 공기가 골고루 시원해지려면 에어컨을 위쪽에 설치하는 게 좋을까, 아래쪽에 설치하는

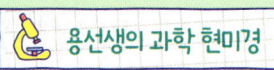 용선생의 과학 현미경

액체나 기체는 온도가 높아지면 왜 위로 올라갈까?

온도가 높아지면 액체나 기체를 이루는 입자의 운동이 활발해져 입자 사이의 거리가 멀어져. 그럼 일정한 공간을 차지하는 입자 수가 줄어드니까 가벼워져서 액체나 기체가 위로 올라가는 거야.

반대로 온도가 낮아지면 입자 운동이 느려져 입자 사이의 거리가 가까워져. 그럼 일정한 공간을 차지하는 입자 수가 늘어나니까 무거워져서 아래로 내려가지.

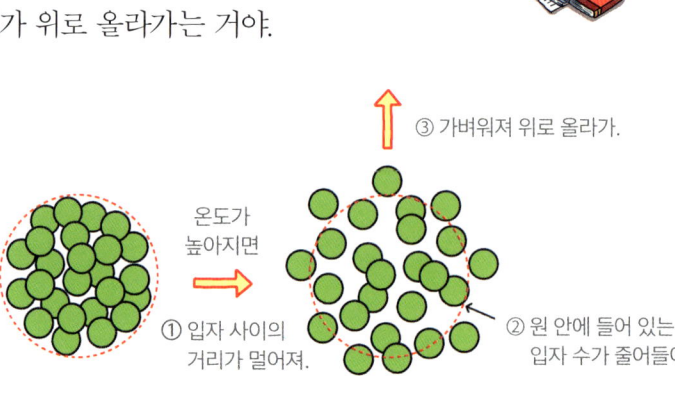

게 좋을까?"

장하다가 천장의 에어컨을 가리키며 말했다.

"에어컨이 천장에 있는 걸 보니 위쪽이요!"

"하여튼 눈치 하나는 빠르다니까!"

나선애의 말에 아이들이 웃음을 터뜨렸다.

"하다 말대로 에어컨을 위쪽에 설치해야 공기가 골고루 시원해져. 만일 에어컨을 아래쪽에 설치하면 아래쪽의 찬 공기는 계속 아래에만 머무를 테니까."

"위쪽 더운 공기도 계속 위에 있겠네요!"

"그렇지. 그럼 전체 공기가 아니라 아래쪽 공기만 시원해지지."

아이들이 고개를 끄덕이자 용선생이 말을 이었다.

"그럼 난방 기구는 위쪽과 아래쪽 중 어디에 설치하는 게 좋을까?"

"따뜻한 공기는 위로 올라가니까…… 아래쪽이요!"

"그렇지! 그래야 아래쪽 따뜻한 공기가 위로 올라가고, 위쪽 찬 공기가 아래로 내려와 전체 공기가 따뜻해지지."

왕수재가 이마를 탁 지며 말했다.

"아하, 온풍기를 켜도 왜 발이 시린지 알았어요. 온풍기가 천장에 있어서 그렇군요!"

▲ 천장에 설치된 에어컨

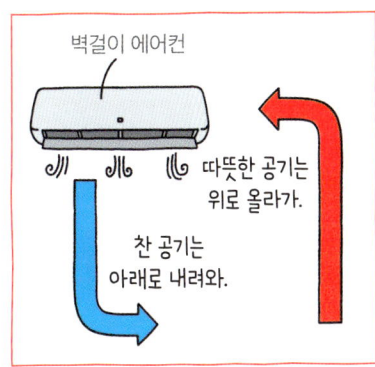

▲ 냉방 기구는 위쪽에 설치하는 게 좋아.

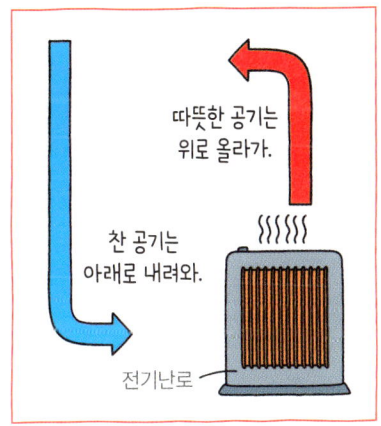

▲ 난방 기구는 아래쪽에 설치하는 게 좋아.

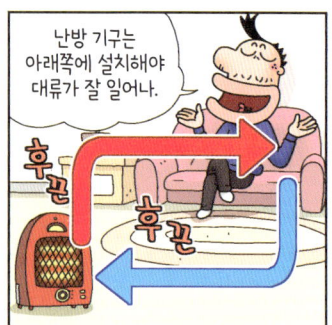

"맞아. 난방 기구가 위쪽에 있으면 따뜻한 공기가 아래로 내려오지 않아서 대류가 잘 일어나지 않아. 보일러 온수관을 천장이 아니라 바닥에 설치하는 것도 대류가 잘 일어나게 하기 위해서란다."

 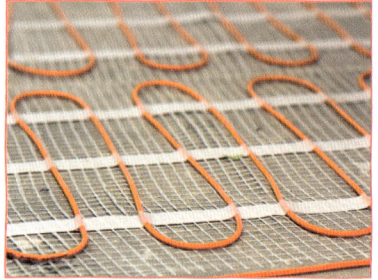

▲ 난방 기구는 아래쪽에, 보일러 온수관은 바닥에 설치해야 대류가 잘 일어나.

핵심정리

기체에서도 대류를 통해 열이 이동해. 난방 기구는 아래쪽에, 에어컨은 위쪽에 설치해야 대류가 잘 일어나.

태양열이 지구까지 오는 방법!

용선생이 아이들을 둘러보며 물었다.

"전도와 대류에는 공통점도 있단다. 그게 뭔지 아니?"

"어…… 글쎄요?"

"바로 물질을 통해서 열이 이동한다는 거야. 전도는 물질을 이루는 입자의 운동이 전달되어 열이 이동하고, 대류는 입자가 직접 이동하여 열이 이동해. 물질이 없으면 전도와 대류는 일어나지 않아."

"물질이 없으면 열이 이동할 수 없어요?"

"그렇지 않아. 햇볕을 쬐면 따뜻하지? 태양열이 태양에서 지구까지 이동해서 따뜻함을 느끼는 거야. 그런데 태양과 지구 사이의 우주 공간에는 열을 전달할 물질이 없어."

"물질을 통하지 않고도 열이 이동한다는 거네요?"

"그렇지. 열이 물질을 통하지 않고 직접 이동하는 방법을 '복사'라고 해. 태양열은 복사를 통해 지구에 도달해. 추운 겨울날 모닥불이나 전기난로 앞에 앉으면 몸이 금방 따뜻해지는 것도 복사를 통해 열이 이동해서야."

"흠, 그게 복사 때문인지 어떻게 알아요?"

"전기난로 앞에 앉으면 얼굴이 등보다 더 따뜻하지? 열이 직접 이동하기 때문에 전기난로를 마주하고 있는 얼굴이 더 따뜻한 거야. 또 전기난로 앞을 누가 가리면 복사가 막혀서 금방 따뜻함을 느끼지 못해."

복사를 통해 태양열이 이동해서 따뜻하군!

▲ 복사를 통한 열의 이동

그러자 나선애가 고개를 갸우뚱하며 물었다.

"전기난로 주변에는 공기가 있잖아요. 공기가 있으면 대류를 통해 열이 이동하지 않아요?"

"그 말도 맞아. 전기난로를 한참 켜 두어 실내 공기 전체가 따뜻해지는 건 대류를 통해 열이 이동해서야. 하지만 전기난로를 켜자마자 몸이 바로 따뜻해지는 건 열이 복사를 통해 직접 이동하기 때문이지."

허영심이 고개를 끄덕이며 말했다.

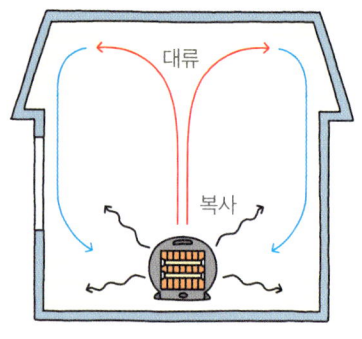

▲ 전기난로를 켜면 대류와 복사 둘 다를 통해 열이 이동해.

"전기난로를 켜면 대류와 복사 둘 다를 통해서 열이 이동하는군요!"

"맞아. 열이 이동할 때에는 어느 한 가지 방법이 아니라 두세 가지 방법으로 이동하는 경우가 많아. 예를 들어 화덕에 피자를 구울 때에도 열은 주로 복사와 대류를 통해 이동한단다."

용선생이 아이들을 둘러본 뒤 말을 이었다.

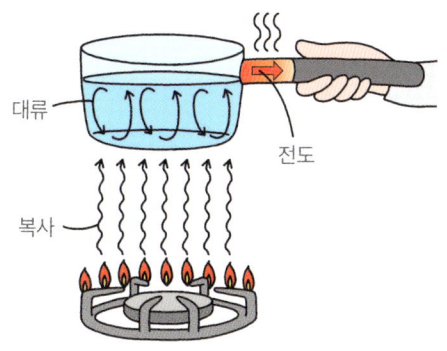

▲ 열은 어느 한 가지 방법이 아니라 여러 가지 방법을 통해 이동해.

"이제 우리 주변에서 복사를 이용하는 예를 살펴보자. 지난번에 배운 적외선 온도계 기억나니?"

"물체가 내보내는 적외선으로 온도를 재는 거요?"

"응. 적외선도 복사를 통해 전달돼. 적외선 온도계가 물체와 닿지 않고 온도를 잴 수 있는 것도 적외선이 복사를 통해 전달되기 때문이야."

"오호, 그게 복사 때문이었군요!"

"적외선 카메라라고 들어 본 적 있지? 적외선 카메라는 온도가 높은 부분은 붉게, 온도가 낮은 부분은 파랗게 화면에 나타내는 카메라야. 물체에서 나오는 적외선이 복사를 통해 전달되면 그걸 감지해 화면에 나타내는 거지."

"그렇군요. 적외선 카메라로 온도가 높은 부분과 낮은 부분을 알면 뭐가 좋은데요?"

"예를 들어 건물을 적외선 카메라로 찍었을 때 붉게 나타나는 부분은 열이 많이 빠져나가는 곳이야. 단열이 안돼

▲ **적외선 카메라의 이용** 적외선 카메라를 열화상 사진기라고도 해.

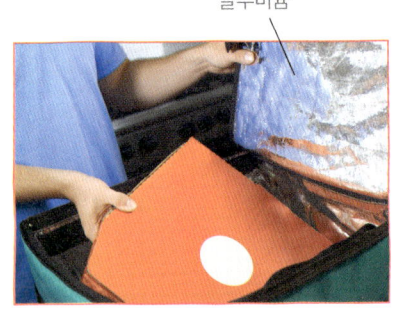

▲ **피자 배달 가방** 속을 알루미늄 소재로 만들어 복사로 열이 빠져 나가는 걸 막아.

곽두기의 낱말 사전

소재 바탕 소(素) 재료 재(材). 어떤 것을 만드는 데 바탕이 되는 재료를 말해.

나선애의 과학 사전

반사 되돌릴 반(反) 쏠 사 (射). 일정한 방향으로 나아가다 다른 물체에 부딪쳐서 나아가던 방향을 반대로 바꾸는 것을 말해.

는 부분이라는 걸 알 수 있지. 또 공항에서는 체온이 정상보다 높은 사람을 쉽게 찾아낼 수 있고, 화재 현장에서는 작은 불씨라도 남아 있는지 쉽게 확인할 수 있어."

"오호, 정말 쓸모가 많네요!"

"근데 일부러 열의 복사를 막는 경우도 있어."

"정말요? 언제요?"

"피자를 배달할 때! 갓 구워낸 뜨거운 피자를 공기 중에 놓아두면 열이 복사를 통해 피자에서 빠져나가."

"오, 안 돼요! 식은 피자는 맛이 없단 말이에요!"

"하하하, 걱정 마! 피자가 식지 않도록 피자 배달 가방 속을 알루미늄 소재로 만드니까. 알루미늄은 열을 잘 반사해서 복사로 열이 빠져나가는 걸 막아 줘."

"오호, 알루미늄 덕분에 따끈따끈한 피자를 먹을 수 있는 거군요!"

"보온병도 있어! 보온병은 복사를 통해 열이 밖으로 빠져나가는 걸 막기 위해 내부에 은도금을 해. 도금은 금속을 얇게 입힌다는 뜻이야. 은도 알루미늄처럼 열을 잘 반사하여 복사를 막아 줘."

은도금을 하여
복사를 막아.

공기를 없애
전도와 대류를 막아.

◀ **보온병** 보온병은 내부에 은도금을 하여 복사를 막아. 그뿐 아니라 벽을 이중으로 만들고 이중벽 사이에 공기를 없애 전도와 대류도 막지.

"우아, 보온병 안에 은이 입혀져 있는 줄 몰랐어요!"

"선생님! 그나저나 수업은 언제 끝나요? 피자 얘기가 나와서 그런지 배가 출출해요!"

장하다가 배를 쓰다듬으며 말했다.

"좋아, 오늘 수업은 마치자. 선생님이 피자 한 판 쏜다!"

"우아, 신난다!"

핵심정리

열이 물질을 통하지 않고 직접 이동하는 방법을 복사라고 해. 적외선 온도계, 적외선 카메라는 적외선이 복사를 통해 전달되는 걸 이용해. 알루미늄과 은은 복사로 열이 빠져나가는 걸 막아.

나선애의 정리노트

1. 대류

① 온도가 높아진 물질이 위로 올라가고 위에 있던 물질이 아래로 내려와 열이 이동하는 방법

② 전도와 달리 물질을 이루는 입자가 직접 이동함.

③ 액체와 ⓐ☐는 주로 대류를 통해 열이 이동함.

④ 대류의 예
- 냄비에 물을 담고 가열하면 물 전체가 뜨거워짐.
- 보일러를 켜면 실내 공기 전체가 따뜻해짐.

⑤ 대류가 잘 일어나게 하는 법
- 난방 기구를 ⓑ☐쪽에 설치함.
- 냉방 기구를 ⓒ☐쪽에 설치함.

2. 복사

① 열이 ⓓ☐을 통하지 않고 직접 이동하는 방법

② 복사의 예
- 햇볕을 쬐면 따뜻함.
- 전기난로에 가까이 있으면 바로 따뜻함을 느낌.

③ 복사를 이용하는 장치
- 적외선 온도계, 적외선 카메라 등

④ 복사를 통해 열이 빠져나가는 것을 막는 예
- 피자 배달 가방 속을 알루미늄 소재로 만듦.
- 보온병 내부에 ⓔ☐도금을 함.

ⓐ 기체 ⓑ 아래 ⓒ 위 ⓓ 물질 ⓔ 은

 과학퀴즈 달인을 찾아라!

●정답은 119쪽에

01

친구들이 이번 시간에 배운 내용에 대해 이야기하고 있어. 옳으면 O, 옳지 않으면 X를 표시해 줘.

① 대류는 액체와 기체에서 열이 이동하는 방법이야. (   )

② 복사는 공기를 통해 열이 이동하는 방법이야. (   )

③ 열은 항상 한 가지 방법으로만 이동해. (   )

02

친구들이 피자를 시켰는데 한 조각이 남았어. 온풍기와 에어컨을 설치하기에 적합한 장소를 따라가면 마지막 피자 한 조각의 주인공을 찾을 수 있대. 누가 마지막 피자를 먹게 될지 알아맞혀 봐.

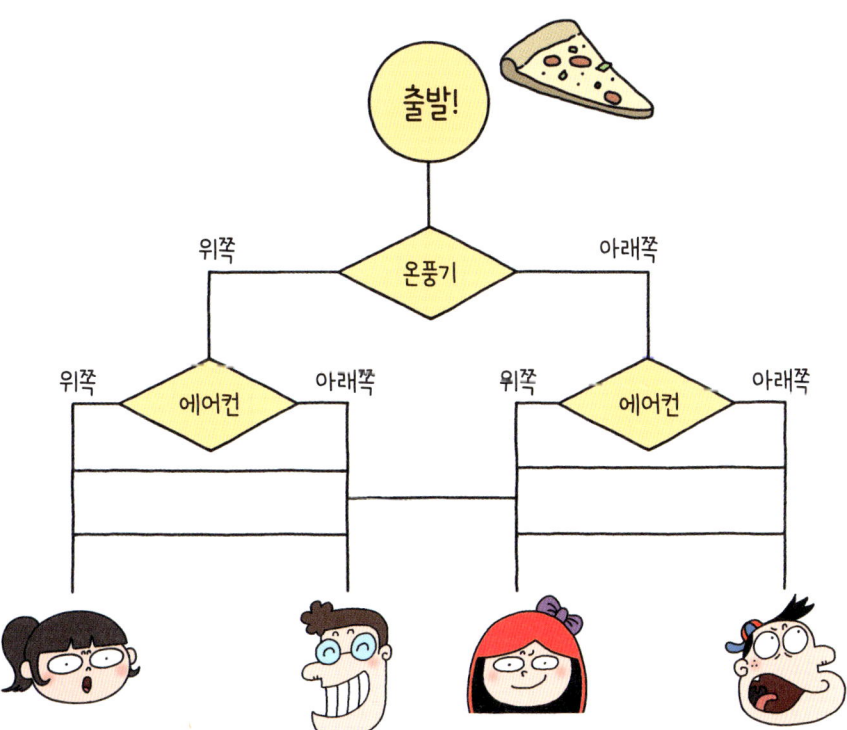

| | 용선생의 과학 카페 | 용선생의 한국사 카페 | 용선생의 세계사 카페 | + |

← https://cafe.naver.com/yongyong

용선생의 과학 카페

과학계의 핵인싸,
용선생의 과학 카페에
오신 걸 환영합니다.

[Log in]

 MENU

물리면 아프다
화학이 화하하
생물 오징어
지구는 둥글다

조선 시대의 냉장고, 석빙고

냉장고 덕분에 우리는 한여름에도 손쉽게 얼음을 만들고 음식을 오랫동안 신선하게 보관할 수 있어. 그런데 냉장고가 발명되기 훨씬 이전에도 우리 조상들은 '석빙고'라는 창고에 얼음을 보관했어. 한겨울 얼어붙은 강에서 두꺼운 얼음을 잘라 내어 석빙고에 보관하면 한여름까지 얼음을 보관할 수 있었다고 해. 석빙고에 보관한 얼음이 녹지 않을 수 있었던 비결은 뭘까?

석빙고의 원리는 간단히 세 가지야. 첫째, 추운 겨울 찬바람을 이용해 내부 온도를 최대한 낮춰. 둘째, 날이 따뜻해지면 밖에서 안으로 열이 들어오지 못하게 막아. 셋째, 내부 온도가 높아지면 열이 밖으로 잘 빠져나가게 해. 바로 열의 전도, 대류, 복사를 이용해서 말이야.

▲ **경주 석빙고** 보물 제66호로 길이 18.8 m, 높이 4.97 m, 폭 5.94 m 규모야. 석빙고는 낮은 온도를 유지하기 위해 절반은 지하에 묻히도록 지어졌어.

석빙고 지붕의 맨 바깥쪽은 잔디를 깔아 태양열이 복사를 통해 안으로 들어오는 걸 막고, 그 아래에는 열을 잘 전도하지 않는 석회와 진흙을 채워 열이 들어오는 걸 막았어. 또 석빙고 안의 더운 공기가 대류를 통해 밖으로 잘 빠져나가도록 천장에는 환기구를 만들었지.

- 장하다의 오답을 피하는 방법
- 나선애의 야무진 실험실
- 왕수재의 아는 척 과학교실
- 허영심의 별 헤는 밤
- 곽두기의 빅뱅 따라잡기

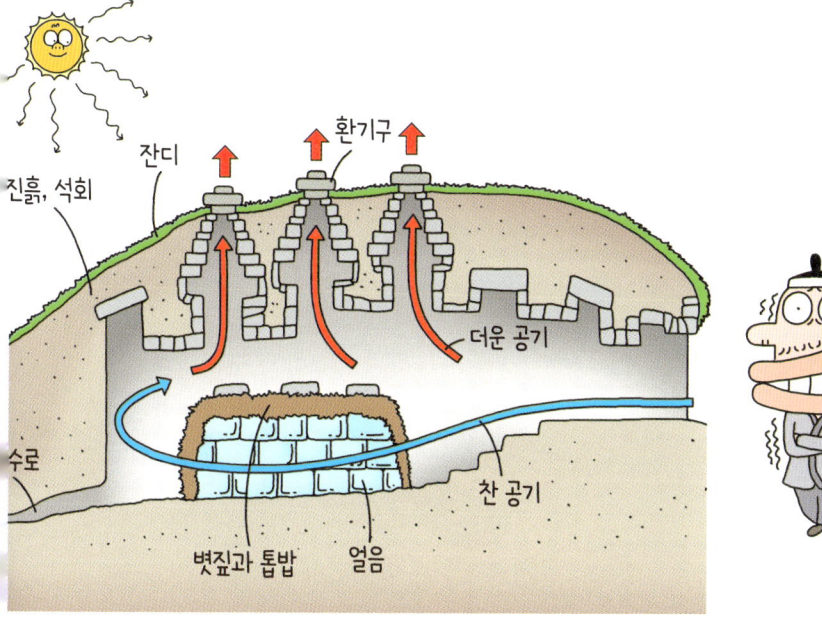

석빙고의 얼음은 볏짚이나 **톱밥** 등으로 덮었는데, 볏짚과 톱밥은 열을 잘 전도하지 않아 열이 얼음으로 이동하는 걸 막을 수 있어. 얼음이 녹아 물이 생기면 밖으로 잘 빠져나가도록 배수로도 만들었지. 우리가 배운 과학 원리를 아주 오래전에도 이용했다는 게 신기하지 않니?

COMMENTS

- 경주 석빙고로 체험 학습 갈까?
  - 응! 준비물로 뭐가 필요할까?
  - 김밥, 음료수, 빵, 과자….
  - 먹으러 가니?

"애들아, 이것 좀 봐! 스마트폰 속에 물이 들어 있대!"

과학 잡지를 읽던 나선애가 깜짝 놀란 목소리로 외쳤다.

"물이 들어 있다고? 일부러 스마트폰에 물을 넣는다는 거야?"

"설마! 스마트폰에 물이 들어갈까 봐 내가 얼마나 조심하는데……. 왜 그런 거래?"

허영심이 고개를 갸우뚱하며 물었다.

"왜 그런지는 나도 몰라. 아무튼 잡지에 그렇다고 나와 있어."

때마침 용선생이 과학실로 들어서자 나선애가 쏜살같이 물었다.

"선생님, 정말 스마트폰 속에 물이 들어 있어요?"

똑같이 가열해도 온도가 다른 까닭은?

"응. 최신 스마트폰에는 물이 들어 있어. 한 방울도 채 안 되는 양이긴 하지만 말이야."

용선생의 말에 아이들이 깜짝 놀란 표정을 지었다.

"그게 사실이구나! 근데 물을 왜 넣어요?"

"물에 아주 특별한 성질이 있기 때문이지. 그게 무엇인지는 직접 알아보자."

"오, 좋아요! 오늘은 어떤 실험이에요?"

"질량이 같은 물과 식용유를 똑같이 가열할 때 물과 식용유의 온도가 똑같이 높아지는지, 둘 중 하나의 온도가 더 빨리 높아지는지 관찰하는 거야."

용선생이 실험 준비를 마치자 아이들이 온도를 측정하기 위해 교탁 주위로 모여 들었다.

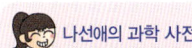

나선애의 과학 사전

질량 물체가 갖는 고유한 양을 말해. 단위로 kg(킬로그램), g(그램) 등을 사용해.

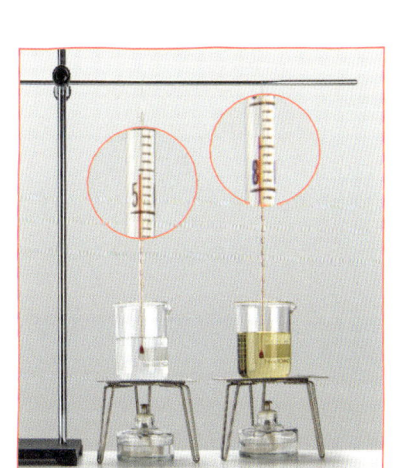

▲ 질량이 같은 물과 식용유를 똑같이 가열할 때 온도 변화

"처음에는 물과 식용유의 온도가 같았는데, 가열하니까 온도가 달라져요!"

"둘 중 어떤 것의 온도가 더 높지?"

"식용유요! 식용유의 온도가 더 빨리 높아져요!"

"식용유와 물은 질량도 같고, 똑같은 세기의 불로 가열했는데 왜 온도가 다른 거예요?"

왕수재가 고개를 갸우뚱하며 물었다.

"물질의 종류에 따라 온도가 변하는 데 필요한 열의 양이 다르기 때문이야. 같은 온도를 높일 때 물은 식용유보다 더 많은 양의 열이 필요해. 그래서 물의 온도가 식용유의 온도보다 천천히 높아진 거야."

"식용유는 물보다 적은 양의 열이 필요하니까 온도가 빨리 높아진 거고요?"

"그렇단다! 어떤 물질 1kg의 온도를 1℃ 높이는 데 필요한 열의 양을 '비열'이라고 해. 비열이 클수록 같은 온도를 높이는 데 더 많은 양의 열이 필요해서 온도가 천천히 높아져. 반대로 비열이 작을수록 더 적은 양의 열이 필요해서 온도가 빨리 높아지지."

"그럼 물이 식용유보다 비열이 크겠네요?"

"맞아! 질량이 같은 식용유와 물을 같은 세기의 불로

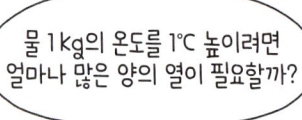

용선생의 과학 현미경

온도가 다른 두 물체 사이에서 이동하는 열의 양을 '열량'이라고 해.

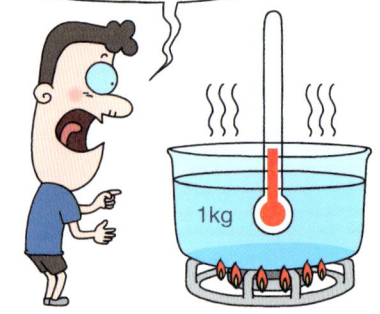

물 1kg의 온도를 1℃ 높이려면 얼마나 많은 양의 열이 필요할까?

가열하면, 식용유의 온도가 10℃ 변할 때 물의 온도는 4℃ 밖에 변하지 않아. 물이 식용유보다 비열이 크기 때문이지. 물의 온도를 식용유와 같아지게 하려면 물을 더 센 불로 가열하거나 더 오래 가열해야 해."

아이들이 고개를 끄덕이자 용선생이 말을 이었다.

"온도가 낮아질 때에도 마찬가지야. 비열이 큰 물질은 비열이 작은 물질보다 더 많은 양의 열을 내보내야 같은 온도만큼 낮아져. 그래서 비열이 클수록 온도가 천천히 낮아지고, 비열이 작을수록 온도가 빨리 낮아진단다."

 용선생의 과학 현미경

음식을 튀길 때 기름을 많이 넣어야 하는 까닭은?

좀 더 자세히 들여다볼까?

주전자에 물이 많으면 물을 끓일 때 시간이 오래 걸리고, 식힐 때에도 시간이 오래 걸려. 비열이 같더라도 질량이 클수록 온도가 변하는 데 필요한 열의 양이 많기 때문이야.

음식을 튀길 때 음식이 잠기고도 남을 정도로 기름을 많이 쓰는 까닭도 이 때문이야. 기름의 양이 적으면 튀기는 동안 기름의 온도가 쉽게 변할 수 있거든. 기름의 양이 많으면 튀기는 동안 기름의 온도가 일정해서 훨씬 맛있게 튀길 수 있어.

"그럼 식을 때에는 식용유가 물보다 빨리 식겠네요?"

"그렇지! 한마디로, 비열이 클수록 온도가 천천히 변하고, 비열이 작을수록 온도가 빨리 변해."

어떤 물질 1kg의 온도를 1℃ 높이는 데 필요한 열의 양을 비열이라고 해. 비열이 클수록 온도가 천천히 변하고, 비열이 작을수록 온도가 빨리 변해.

물의 특별한 성질!

아이들을 둘러본 뒤 용선생이 설명을 이어갔다.

"식용유와 물의 비열이 다른 것처럼 비열은 물질의 종류에 따라 달라. 이 표를 볼래?"

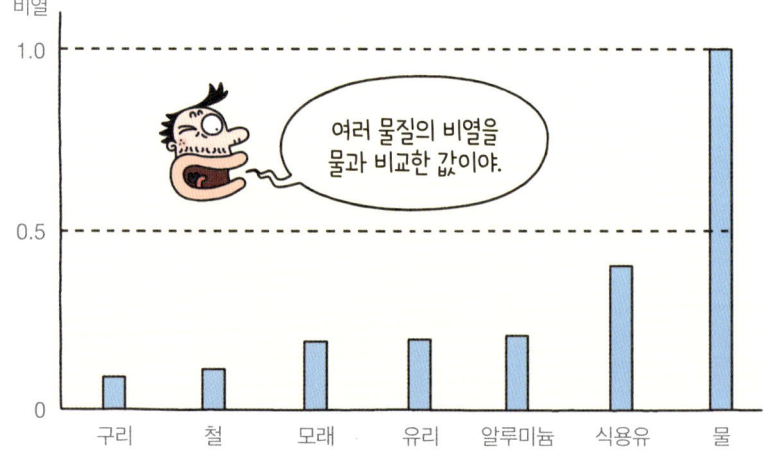

▲ 물의 비열을 1.0으로 할 때 여러 가지 물질의 비열

"오, 정말 물질마다 비열이 다 달라요!"

"맞아. 그래서 비열이 얼마인지 알면 어떤 물질인지 알 수 있지."

그때 나선애가 손을 번쩍 들었다.

"물은 다른 것보다 비열이 훨씬 크네요?"

"오, 선애가 아주 예리하구나! 물의 특별한 성질이 바로 이거야. 스마트폰에 물을 넣는 까닭도 물의 비열이 크기 때문이지. 스마트폰을 오래 사용하면 스마트폰이 뜨거워져 고장 날 수 있어. 이때 스마트폰에 들어 있는 물로 스마트폰이 과열되는 것을 막을 수 있지."

"물로 어떻게요?"

"스마트폰의 온도가 높아지면 스마트폰에서 물로 열이 이동해. 물은 비열이 커서 열을 흡수해도 온도가 천천히 높아지기 때문에 많은 양의 열을 흡수할 수 있어."

"아하, 물이 열을 흡수해서 스마트폰이 뜨거워지는 걸 막는군요!"

"그렇지! 스마트폰 외에도 우리 주변에는 물의 비열이 크다는 점을 이용하는 경우가 많아. 자동차도 그중 하나야."

용선생의 말에 곽두기가 깜짝 놀란 표정을 지었다.

"자동차에도 물을 넣는다고요?"

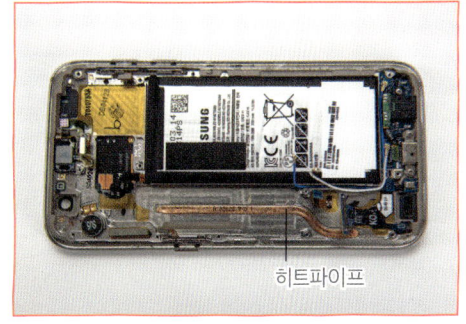

▲ 스마트폰이 과열되는 걸 막기 위해 안에 물이 든 구리관을 넣어. 이 구리관을 '히트파이프'라고 해.

 곽두기의 낱말 사전

과열 지나칠 과(過) 열(熱). 지나치게 뜨거워지는 걸 말해.

 용선생의 과학 현미경

스마트폰에 물을 넣는 또 다른 까닭이 있어. 물이 열을 흡수하여 온도가 높아지면 수증기로 변하는데, 이때 주변의 열을 흡수하여 스마트폰의 온도를 낮춰

▲ **냉각수** 엔진이 과열되는 걸 막기 위해 자동차 안에 물을 넣어. 이런 물을 '냉각수'라고 해. 이때 부품이 녹슬거나 겨울에 물이 얼지 않도록 다른 액체도 함께 넣어.

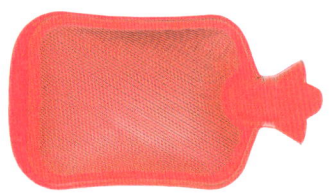

▲ 찜질팩이 빨리 식지 않도록 찜질팩에 뜨거운 물을 넣어.

"응. 자동차도 달리다 보면 엔진이 뜨거워져. 그래서 엔진이 과열되는 걸 막기 위해 물을 이용하여 엔진을 식혀."

"물의 비열을 자동차에도 이용하는군요!"

용선생이 교탁 아래에서 찜질팩을 꺼내어 장하다에게 건네며 물었다.

"이 찜질팩 안에 뭐가 들어 있는지 맞혀 볼래?"

찜질팩을 흔들어 보더니 장하다가 말했다.

"출렁거리는 걸 보니 무슨 액체 같은데…… 혹시 여기에도 물이 들어 있나요?"

"맞아. 물은 비열이 커서 찜질팩에 뜨거운 물을 넣으면 찜질팩이 오랫동안 따뜻하고, 찬물을 넣으면 오랫동안 차가워. 그래서 온찜질을 할 때에는 찜질팩에 뜨거운 물을, 냉찜질을 할 때에는 찬물을 넣는단다."

"물은 비열이 커서 쓸모가 참 많네요!"

"마지막으로 하나 더 알려 줄게. 보일러 온수관에도 물을 넣어."

"그래야 온수관이 금방 식지 않으니까요?"

용선생이 고개를 끄덕이자 허영심이 손을 번쩍 들었다.

"비열이 작은 물질은 별로 쓸모가 없나요?"

"아니, 비열이 작은 물질이 필요할 때도 있어. 라면처럼 빨리 끓여야 하는 음식을 조리할 때를 생각해 봐. 비열이 큰 뚝배기와 비열이 작은 금속 냄비 중 어떤 걸 쓰는 게 좋을까?"

"비열이 작은 금속 냄비요!"

"맞아. 뚝배기보다는 비열이 작은 금속 냄비를 사용해야 냄비가 빨리 데워져 음식을 빨리 조리할 수 있어. 반면에 돌솥은 뚝배기와 마찬가지로 비열이 커. 돌솥에 담긴 밥 먹어 본 적 있니?"

"네! 돌솥 밥은 먹는 동안 계속 따끈따끈해서 좋아요!"

"비열이 큰 돌솥이 천천히 식어서 돌솥에 뜨거운 밥을 담으면 밥이 오랫동안 따끈따끈한 거야."

"돌솥 밥이 오랫동안 따뜻한 까닭이 바로 그거군요!"

▲ 금속 냄비는 비열이 작아서 빨리 데워져. ▲ 돌솥은 비열이 커서 밥이 천천히 식어.

 핵심정리

비열은 물질마다 달라. 물은 비열이 매우 커서 열을 흡수해도 온도가 빨리 변하지 않아 스마트폰이나 자동차 엔진이 과열되는 걸 막는 데 쓰여.

바닷물은 왜 여름 한낮에도 시원할까?

용선생이 아이들을 둘러본 뒤 말을 이었다.

"자연 현상 중에는 비열 차이에 의해 나타나는 게 많아. 여름 한낮에 해수욕장 모래사장과 바닷물 중 어디가 더 시원한지 아니?"

"물론 바닷물이 시원하죠!"

"밤에는 어디가 더 시원할까?"

"밤에는…… 잘 모르겠는데요?"

곽두기가 고개를 갸우뚱하며 말했다.

"밤에는 낮과 반대로 모래사장이 더 시원해. 낮에는 바닷물이, 밤에는 모래사장이 더 시원한 까닭도 물과 모래의 비열이 다르기 때문이야. 물은 모래보다 비열이 다섯 배 이상 크단다."

"와, 그렇게나 많아요?"

"응. 낮에는 태양열을 똑같이 받아도 비열이 작은 모래가 바닷물보다 빨리 데워져 모래사장이 더 뜨겁고, 밤에는 비열이 작은 모래가 바닷물보다 빨리 식어서 모래사장이 더 시원한 거야."

"오호, 그렇군요."

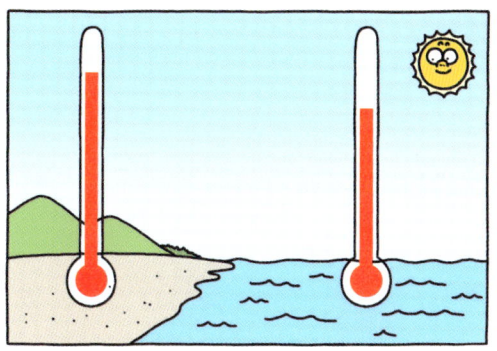
▲ 낮에는 비열이 작은 모래사장이 바닷물보다 빨리 데워져 모래사장의 온도가 더 높아.

▲ 밤에는 비열이 작은 모래사장이 바닷물보다 빨리 식어 모래사장의 온도가 더 낮아.

"그뿐만 아니라 비열 차이 때문에 바닷가에서는 낮과 밤에 부는 바람의 방향도 달라지지."

"네? 바람이 부는 것과 비열이 상관있다고요?"

"그래. 모래는 물보다 비열이 작다고 했지? 그래서 낮에는 모래사장이 있는 육지 위의 공기가 바다 위의 공기보다 온도가 높아. 지난번에 온도가 높아진 공기는 어떻게 된다고 했는지 기억하니?"

"위로 올라가요!"

"잘 기억하고 있구나! 낮에 육지 위의 공기는 온도가 높아 위로 올라가고, 그 빈 자리로 온도가 낮은 바다 위의 공기가 밀려들어. 그래서 바다에서 육지 쪽으로 공기가 이동하는 바람이 부는데, 이렇게 바다에서 육지로 부는 바람을 해풍이라고 해."

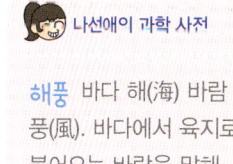

나선애의 과학 사전

해풍 바다 해(海) 바람 풍(風). 바다에서 육지로 불어오는 바람을 말해.

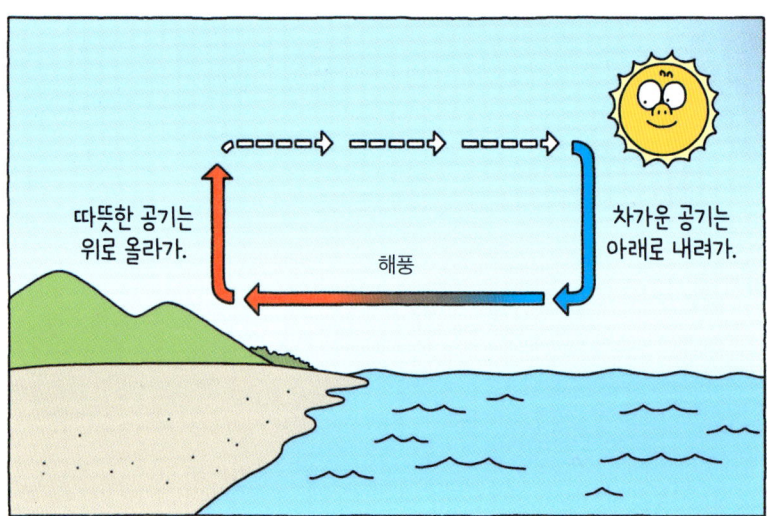

▲ 낮에는 바다에서 육지로 해풍이 불어.

"밤에는요?"

"밤에는 바닷물이 천천히 식어 바다 위의 공기가 육지 위의 공기보다 온도가 높아. 그래서 바다 위의 공기가 위로 올라가고 그 빈 자리로 온도가 낮은 육지 위의 공기가 밀려들지."

"낮과 반대가 되네요!"

"맞아. 그래서 낮과는 반대로 육지에서 바다로 바람이 부는데, 이런 바람을 육풍이라고 해."

"와, 비열 차이 때문에 낮과 밤에 부는 바람의 방향이 반대가 된다니 신기하다!"

이때 허영심이 손을 번쩍 들고 물었다.

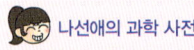 나선애의 과학 사전

육풍 땅 육(陸) 바람 풍(風). 육지에서 바다로 불어오는 바람을 말해.

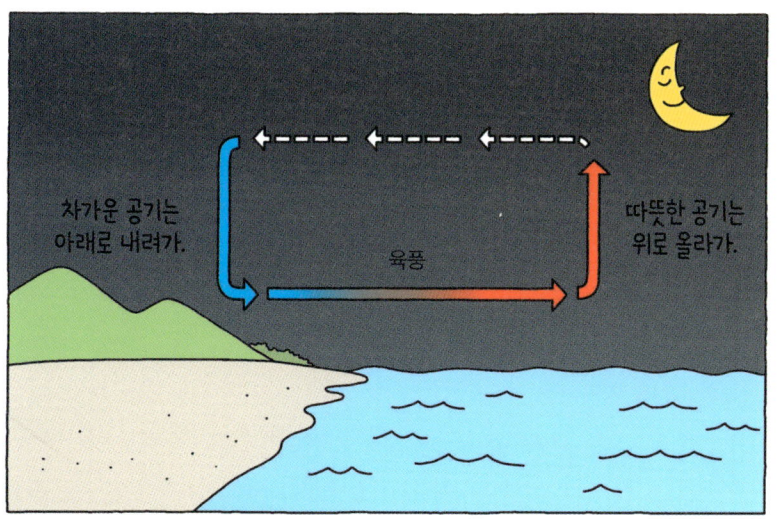

▲ 밤에는 육지에서 바다로 육풍이 불어.

"전에 텔레비전에서 봤는데, 사막은 낮에 엄청 덥고 밤에 엄청 춥대요. 혹시 그것도 비열과 관련이 있어요?"

"맞아. 모래의 비열이 작아서 사막은 밤낮의 기온 차가 아주 커."

"와, 비열이 이렇게 중요한 거였다니!"

"오늘 배운 걸 잘 기억해 두었다가 올여름 바닷가로 가족 여행 가면 부모님께 알려 드려야겠어요!"

"하하하, 아주 좋은 생각이야!"

 핵심정리

물과 모래의 비열 차이 때문에 바닷가에서는 낮에 해풍이, 밤에 육풍이 불어.

나선애의 정리노트

1. 비열
① 어떤 물질 1kg의 온도를 1℃ 높이는 데 필요한 열의 양
② 비열이 클수록 온도가 ⓐ〔   〕 변하고, 비열이 작을수록 온도가 빨리 변함.
③ 비열은 물질의 종류에 따라 다름.
  - ⓑ〔   〕은 다른 물질에 비해 비열이 매우 큼.

2. 비열의 이용
① 비열이 큰 물질을 이용하는 경우
  - 스마트폰에 물을 넣어 과열되는 것을 막음.
  - 자동차에 물을 넣어 엔진이 과열되는 것을 막음.
  - 찜질팩에 뜨거운 물이나 찬물을 넣어 오랫동안 온도를 일정하게 유지함.
  - 뜨거운 밥을 돌솥에 담으면 밥이 오랫동안 따뜻함.
② 비열이 작은 물질을 이용하는 경우
  - 음식을 빨리 조리해야 할 때 비열이 작은 금속 냄비를 사용함.

3. 비열 차이 때문에 나타나는 현상
① 한낮에는 모래사장이 바닷물보다 뜨겁고, 밤에는 모래사장이 바닷물보다 시원함.
② 바닷가에서 ⓒ〔   〕에는 바다에서 육지로 해풍이 불고, ⓓ〔   〕에는 육지에서 바다로 육풍이 붊.

ⓐ 천천히 ⓑ 물 ⓒ 낮 ⓓ 밤

 # 과학퀴즈 달인을 찾아라!

●정답은 119쪽에

01

친구들이 이번 시간에 배운 내용에 대해 이야기하고 있어. 옳으면 O, 옳지 않으면 X를 표시해 줘.

① 비열은 물질의 종류에 따라 달라. (   )
② 물은 비열이 매우 작아. (   )
③ 비열이 크면 천천히 데워지고 천천히 식어. (   )

02

다음 보기의 문장 속 괄호에 들어갈 말을 순서대로 이으면 영어 알파벳이 나온대. 정답을 찾아서 어떤 알파벳이 나오는지 그려 봐.

> **보기**
> 모래는 물보다 비열이 작아서 낮에 모래사장이 있는 육지 위의 공기는 온도가 (   ) 위로 올라가고, 바다 위의 공기는 온도가 (   ) 아래로 내려와. 그래서 낮에는 (   )에서 (   )로 바람이 불어.

낮아 •   • 육지

높아 •   • 바다

6교시 | 열팽창

에펠탑의 높이가 여름과 겨울에 다른 까닭은?

"선애야, 내가 퀴즈 하나 낼게. 맞혀 봐!"

장하다의 말에 나선애가 "뭔데?" 하며 고개를 돌렸다.

"에펠탑의 높이가 얼마이게?"

"글쎄? 엄청 높을 텐데…… 한 200 m?"

"내 생각엔 더 높을 거 같아. 400 m 정도?"

왕수재도 끼어들었다.

"둘 다 틀렸어! 정답은 계절에 따라 다르다야!"

깔깔거리는 장하다를 바라보며 나선애와 왕수재가 어이없다는 표정을 지었다.

"말도 안 돼! 그럼 에펠탑이 고무줄처럼 늘었다 줄었다 한다는 소리야?"

"나도 몰라! 여기 책에 그렇다고 나와 있어. 왜 그런지는 선생님께 여쭤봐."

물체의 온도가 높아지면 어떤 일이?

때마침 용선생이 과학실로 들어섰다.

"선생님, 하다가 그러는데 에펠탑 높이가 계절에 따라 다르대요. 정말이에요?"

"응, 에펠탑 높이는 한여름에 가장 높아."

"정말요? 어떻게 높이가 변할 수 있어요?"

"원리는 아주 간단해. 에펠탑으로 실험할 수는 없으니 대신 물을 이용하여 실험해 보자. 에펠탑의 높이가 변하는 것과 원리가 같거든."

용선생은 두 개의 삼각 플라스크에 물을 가득 채운 뒤 플라스크 입구를 유리관이 꽂힌 고무마개로 막았다.

"삼각 플라스크를 하나는 뜨거운 물에, 다른 하나는 얼음물에 넣을 거야. 이때 유리관의 물 높이가 뜨거운 물과 얼음물에서 각각 어떻게 변하는지 잘 보렴."

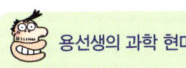
용선생의 과학 현미경
물에 색깔 있는 물감을 섞으면 관찰하기 쉬워.

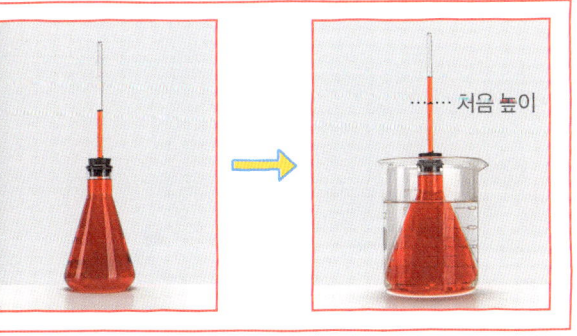
▲ 뜨거운 물에 넣을 때

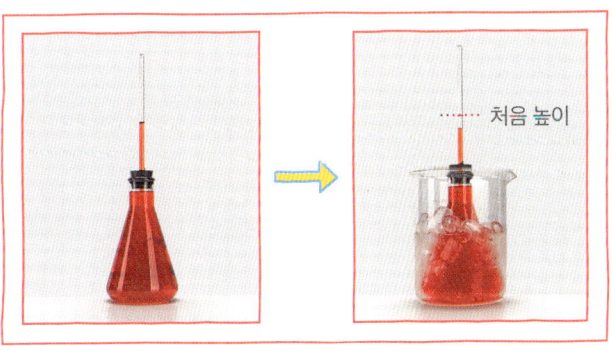
▲ 얼음물에 넣을 때

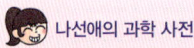

나선애의 과학 사전

부피 물체가 차지하는 공간의 크기를 말해.

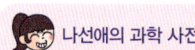

나선애의 과학 사전

팽창 부풀 팽(膨) 배부를 창(脹). 부풀어서 부피가 커지는 것을 말해.

"뜨거운 물에 넣으니까 유리관의 물 높이가 높아져요!"

"물의 **부피**가 커져 물 높이가 높아진 거야. 얼음물에서는 물 높이가 어떻게 변했니?"

"얼음물에 넣으면 유리관의 물 높이가 낮아져요!"

"맞아. 물의 부피가 작아져 물 높이가 낮아진 거지. 이처럼 액체는 온도가 높아지면 부피가 커지고 온도가 낮아지면 부피가 작아져. 온도가 높아질 때 물체의 부피가 커지는 현상을 '열**팽창**'이라고 해."

"왜 온도가 높아지면 부피가 커지고 온도가 낮아지면 부피가 작아져요?"

곽두기가 고개를 갸웃하며 물었다.

"아주 간단해. 온도가 높아지면 물질을 이루는 입자의 운동이 어떻게 된다고 했지?"

"활발해져요!"

"맞아. 입자 운동이 활발해지면 입자 사이의 거리가 멀어져. 입자 사이의 거리가 멀어지면 입자들이 차지하는 공

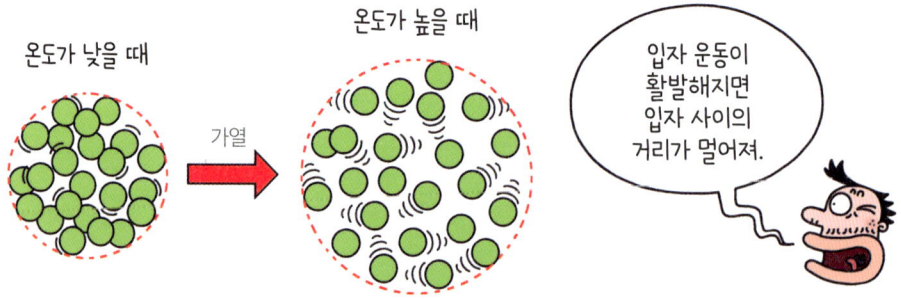

▲ 온도가 높아지면 입자 운동이 활발해져 부피가 커져.

간이 커지니까 부피가 커지는 거야."

"아하, 그렇군요!"

"반대로 온도가 낮아지면 입자 운동이 둔해져 입자 사이의 거리가 가까워지지."

"그럼 입자들이 차지하는 공간이 작아지니까 부피가 작아지고요?"

"그렇지! 고체도 마찬가지야. 유리컵에 뜨거운 물을 붓다가 컵이 깨진 적 있니?"

"예전에 아빠가 한 번 그런 적 있어요."

"유리컵에 뜨거운 물을 부으면 물이 닿는 컵 안쪽 부분은 온도가 높아져 부피가 커져. 그런데 유리는 열을 잘 전도하지 않아서 바깥쪽은 온도가 잘 변하지 않아 부피가 거의 그대로야. 바깥쪽은 그대로인데 안쪽만 부피가 커져 유리컵이 깨지는 거야."

▲ 유리컵에 뜨거운 물을 부으면 유리컵 안쪽 부분의 부피가 커져 컵이 깨져.

"와, 딱딱한 유리도 부피가 변하는군요!"

"기체도 마찬가지야. 그릇에 뜨거운 음식을 담고 곧바로 비닐을 씌우면 비닐이 위로 부풀어 오르지?"

"네, 그것도 열팽창 때문이에요?"

"응. 온도가 높아져 비닐 안에 있는 공기의 부피가 커져서 비닐이 부풀어 오른 거야. 이렇듯 고체,

▲ 그릇에 뜨거운 음식을 담고 곧바로 비닐을 씌우면 비닐 안 공기의 부피가 커져 비닐이 부풀어 올라.

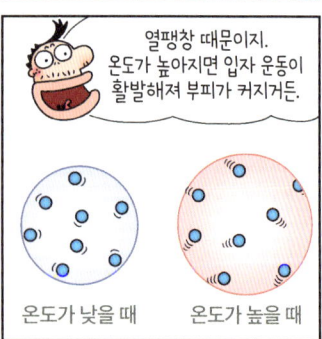

액체, 기체 모두 열팽창을 한단다."

핵심정리

물체는 온도가 높아지면 부피가 커지고 온도가 낮아지면 부피가 작아져. 온도가 높아질 때 물체의 부피가 커지는 현상을 열팽창이라고 해.

 에펠탑의 높이가 달라지는 까닭은?

아이들을 둘러보며 용선생이 물었다.

"에펠탑의 높이가 여름과 겨울에 왜 다른지 이제 짐작할 수 있겠지? 여름에 에펠탑의 높이가 높아지는 것도 열팽창 때문이야. 에펠탑은 높이가 324 m 정도 되는데, 열팽창 때문에 여름과 겨울에 높이가 12~19 cm 정도 달라져."

"계절에 따라 높이가 달라진다니…… 참 신기하네요!"

"신기한 걸 하나 더 알려 줄게. 미국 샌프란시스코에 있는 금문교라는 다리는 열팽창 때문에 여름과 겨울에 길이가 거의 1 m나 차이가 난단다!"

"헉, 1 m라고요? 엄청나네요!"

"근데 직접 보지 않으니까 실감이 잘 안 나요."

▲ 길이 2,825m의 금문교는 여름과 겨울에 길이가 1m 정도 차이가 나.

"그렇다면 우리 주변에서 열팽창과 관련 있는 현상을 살펴볼까?"

용선생은 화면에 다리 이음매 사진을 띄웠다.

"어? 저건 차 타고 다리 위를 지날 때 본 적 있어요!"

"강을 가로지르는 큰 다리는 보통 여러 개의 판을 이이서 만들어. 저건 판과 판 사이를 잇는 이음매야. 이음매에 틈이 있는 게 보이지?"

"네. 근데 그게 열팽창과 상관이 있어요?"

▼ 여름에 다리가 휘지 않도록 이음매에 틈을 둬.

▲ 여름에 기차선로가 휘지 않도록 이음매에 틈을 둬.

▲ 열팽창 때문에 전깃줄이 여름에는 늘어지고, 겨울에는 팽팽해져.

▲ 열팽창을 고려하여 음료를 병 입구까지 꽉 채우지 않아.

"여름에 기온이 많이 올라가 열팽창이 일어나면 다리가 늘어나서 휘거나 갈라질 수 있어. 열팽창이 일어나도 다리가 휘지 않도록 일부러 이음매에 틈을 두는 거야."

"아, 열팽창 때문에 판과 판 사이에 틈을 두는군요!"

"기차선로도 중간중간에 약간의 틈을 두어. 여름에 기차선로가 늘어나 휘지 않도록 일부러 틈을 두는 거지."

"오호, 기차선로에도 틈이 있었네요!"

"하나 더! 이따 집에 갈 때 전신주와 전신주 사이의 전깃줄을 주의 깊게 보렴."

"전깃줄은 왜요?"

"전깃줄을 설치할 때에도 열팽창을 고려해야 해. 열팽창 때문에 전깃줄이 여름에는 길이가 늘어나 아래로 늘어지고, 겨울에는 길이가 줄어들어 팽팽해지거든."

"오, 전깃줄도 여름과 겨울에 길이가 다르군요."

용선생이 교탁 위의 음료수병을 가리키며 물었다.

"액체의 열팽창과 상관있는 것도 있어. 음료는 병 입구까지 꽉 차게 담지 않아. 왜 그런지 아니?"

"아니요! 왜 그런지 한 번도 생각해 본 적이 없어요."

"온도가 높아져 음료의 부피가 커질 것에 대비하여 일부러 병을 꽉 채우지 않는 거야."

"와, 열팽창은 우리 생활과 관련이 정말 깊네요!"

핵심정리

열팽창을 고려하여 다리나 기차선로의 이음매에 약간의 틈을 두고, 음료를 병 입구까지 꽉 채우지 않아.

유리병 뚜껑이 안 열릴 때 여는 방법!

용선생이 아이들을 둘러본 뒤 말을 이었다.

"열팽창에 대해 하나 더 알아 둘 게 있어. 고체나 액체는 물질의 종류에 따라 열팽창 정도가 달라. 즉, 온도가 높아질 때 부피가 변하는 정도가 다르다는 말이야."

"어떻게 다른데요?"

"예를 들어 알코올 온도계에 쓰이는 에탄올은 열팽창 정도가 온도계 유리의 약 40배나 돼. 그래서 알코올 온도계를 뜨거운 물에 넣으면 온도계 유리는 그대로이고 에탄올 액체 기둥만 높이가 변하는 것으로 보이지."

"아, 그렇구나!"

"온도가 똑같이 변할 때 액체인 에탄올이 고체인 유리보

다 부피가 더 많이 변하는 것처럼 보통 액체 물질은 고체 물질보다 열팽창 정도가 큰 편이야."

"흠, 왜 그런 거예요?"

"고체는 입자 운동이 활발하지 않아서 온도가 높아져도 부피가 많이 변하지 않아. 액체는 고체보다 입자 운동이 활발해서 부피도 더 많이 변하지. 기체는 액체보다도 입자 운동이 활발해서 열팽창 정도가 가장 크단다."

> **용선생의 과학 현미경**
> 기체는 고체나 액체와 달리 열팽창 정도가 기체의 종류에 관계없이 일정해.

고체

액체

기체

▲ 고체→액체→기체로 갈수록 입자 운동이 활발해 열팽창 정도가 커.

아이들이 고개를 끄덕이자 용선생이 말했다.

"충치 치료를 할 때에도 물질에 따라 열팽창 정도가 다르다는 걸 고려해야 해. 과학반에 충치 있는 사람 아무도 없지?"

"물론이죠! 자기 전에 양치질을 꼭 하는걸요!"

"다행이구나. 충치가 생기면 썩은 부분을 제거하고 빈 곳을 치아 충전재로 채우는데, 치아 충전재를 만들 때 치아

> **곽두기의 낱말 사전**
> 충전재 가득할 충(充) 메울 전(塡) 재료 재(材). 메워서 채우는 물질을 말해.

와 열팽창 정도가 비슷한 물질을 써야 해. 만일 열팽창 정도가 다른 물질을 사용하면 뜨겁거나 찬 음식을 먹었을 때 부피가 변하는 정도가 달라 치아와 충전재 사이에 틈이 생겨 치아 충전재가 떨어질 수 있어."

"충치를 때울 때 열팽창까지 생각하는지 몰랐어요."

"치아 충전재와 반대로 물질마다 열팽창 정도가 다른 것이 오히려 쓸모 있을 때도 있어."

"열팽창 정도가 다른 게 쓸모 있다고요?"

용선생은 "그래." 하며 가방에서 잼이 담겨 있는 유리병을 꺼냈다.

"하다야, 이 유리병의 뚜껑 좀 열어 볼래?"

장하다가 힘껏 유리병의 뚜껑을 돌렸지만 뚜껑이 꿈쩍도 하지 않았다.

"선생님, 뚜껑이 꿈쩍도 안 해요!"

"그래? 드디어 열팽창을 이용할 기회가 왔구나. 유리병의 뚜껑은 금속으로 되어 있는데, 금속은 유리보다 열팽창 정도가 커. 그러니까 유리병 뚜껑에……."

"혹시 뜨거운 물을 부으면 되나요?"

"그렇지! 온도가 높아지면 유리보다 금속 뚜껑의 부피가 더 많이 커져서 뚜껑을 쉽게 열 수 있어."

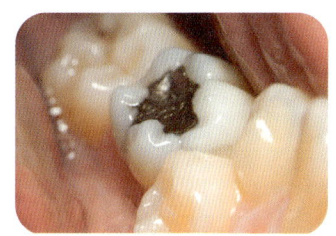
▲ 치아 충전재는 치아와 열팽창 정도가 비슷한 물질을 사용해.

▲ 유리병의 금속 뚜껑에 뜨거운 물을 부으면 금속이 유리보다 열팽창 정도가 커서 뚜껑을 쉽게 열 수 있어.

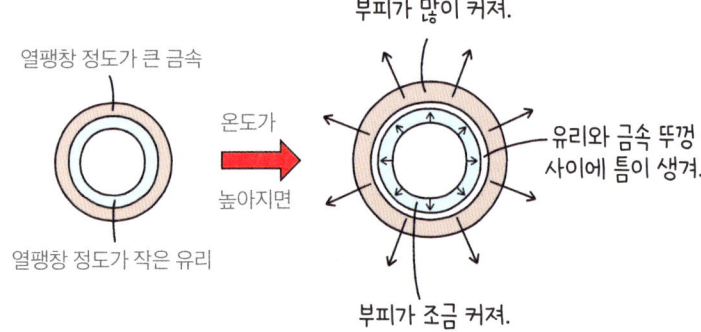

▲ 유리병 뚜껑에 뜨거운 물을 부을 때 유리병을 위에서 내려다 본 모습

"오, 기억했다가 나중에 꼭 써먹어야겠어요!"

장하다가 고개를 끄덕이며 말했다.

"한 가지 더! 전기 기구가 과열되는 걸 막는 데에도 열팽창 정도가 다른 물질을 이용한단다."

"어떻게요?"

"전기 주전자, 전기다리미, 전기장판 등에는 바이메탈이라는 금속이 들어 있어. 바이메탈은 열팽창 정도가 서로 다른 금속 두 개를 붙여 놓은 거야. 온도가 높아지면 열팽창 정도가 큰 금속이 더 많이 늘어나서 바이메탈이 열팽창 정도가 작은 금속 쪽으로 휘어. 그럼 연결이 끊어져 전기가 공급되지 않아."

"아하! 그럼 온도가 더 이상 높아지지 않겠네요!"

> **나선애의 과학 사전**
>
> **바이메탈** 영어로 바이(bi)는 둘을, 메탈(metal)은 금속을 뜻해. 바이메탈은 열팽창 정도가 서로 다른 금속 두 개를 붙여 놓은 거야.

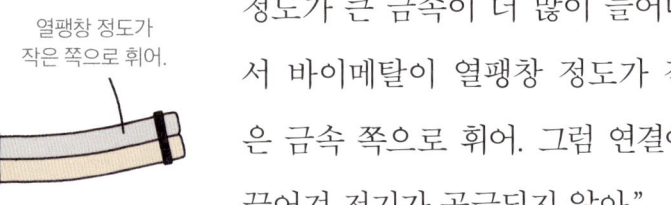

▲ 바이메탈

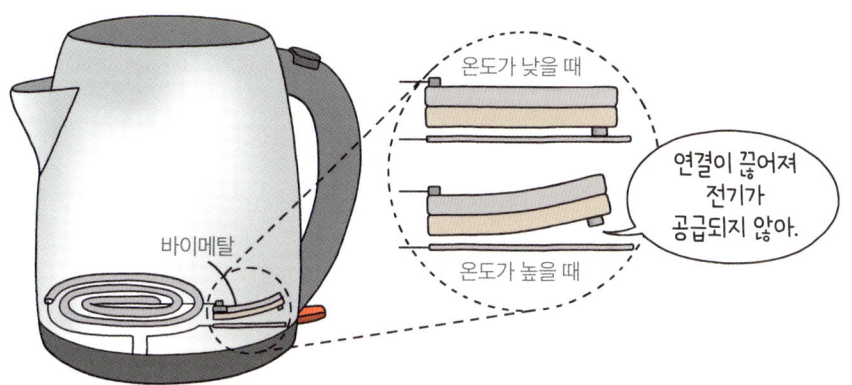

▲ 온도가 높아지면 열팽창 정도가 작은 금속 쪽으로 바이메탈이 휘어 전기가 공급되지 않아.

"복잡할 줄 알았는데 생각보다 간단하네요!"

잼이 담긴 유리병을 계속 힐끔거리던 장하다가 마침내 입을 열었다.

"그나저나 유리병 뚜껑은 언제 열어요?"

"아차, 아직 유리병 뚜껑을 열지 않았구나! 여기 식빵도 있으니 잼을 발라 먹을까? 누가 뚜껑을 열어 볼래?"

장하다가 "저요!" 하며 쏜살같이 앞으로 나갔다.

"하여튼 이럴 땐 빠르다니까!"

나선애의 말에 아이들이 깔깔 웃었다.

핵심정리

고체나 액체는 물질의 종류에 따라 열팽창 정도가 달라. 전기 주전자, 전기다리미, 전기장판은 물질의 종류에 따라 열팽창 정도가 다름을 이용하여 온도를 조절해.

나선애의 정리노트

1. 열팽창
① ⓐ   가 높아질 때 물체의 부피가 커지는 현상
② 온도가 높아지면 ⓑ   이 활발해져 입자 사이의 거리가 멀어지기 때문임.
③ 고체나 액체는 물질의 종류에 따라 열팽창 정도가 다름.

2. 열팽창에 의해 나타나는 현상
① 에펠탑의 높이가 겨울보다 여름에 높음.
② 다리나 기차선로의 길이가 여름에 늘어남.
  • 다리나 기차선로의 이음매에 약간의 틈을 둠.
③ 전깃줄이 ⓒ   에는 늘어지고, 겨울에는 팽팽해짐.
④ 그릇에 뜨거운 음식을 담고 곧바로 비닐을 씌우면 비닐이 부풀어 오름.

3. 열팽창의 이용
① 유리병의 금속 뚜껑이 열리지 않을 때 뚜껑에 뜨거운 물을 부으면 뚜껑이 열림.
② 전기 주전자, 전기다리미, 전기장판은 온도가 높아지면 그 안의 ⓓ   이 열팽창 정도가 작은 금속 쪽으로 휘어 전기가 공급되지 않아 온도를 조절할 수 있음.

ⓐ 온도 ⓑ 입자 운동 ⓒ 여름 ⓓ 바이메탈

과학퀴즈 달인을 찾아라!

●정답은 119쪽에

01

친구들이 이번 시간에 배운 내용에 대해 이야기하고 있어. 옳으면 O, 옳지 않으면 X를 표시해 줘.

① 열팽창은 온도가 높아질 때 부피가 커지는 현상이야. (　　)

② 고체나 액체는 물질의 종류에 따라 열팽창 정도가 달라. (　　)

③ 바이메탈은 온도가 높아져도 모양이 그대로야. (　　)

02

장하다가 잼을 먹으려고 하는데 잼이 든 유리병 뚜껑이 열리지 않아 끙끙대고 있어. 이를 본 용선생이 퍼즐로 힌트를 주고 갔어. 퍼즐을 풀고 문장을 완성해서 장하다가 유리병 뚜껑을 열 수 있게 도와줘.

| 용선생의 과학 카페 | 용선생의 한국사 카페 | 용선생의 세계사 카페 | |

  https://cafe.naver.com/yongyong

용선생의 과학 카페

과학계의 핵인싸, 용선생의 과학 카페에 오신 걸 환영합니다.

Log in

오늘은 어떤 재미난 지식을 올려 볼까?

MENU

물리면 아프다
화학이 화하하
생물 오징어
지구는 둥글다

냉장고에서 꺼낸 페트병에서 탁 소리가 나는 까닭은?

물이 얼마 남지 않은 페트병을 냉장고에서 꺼내고 조금 있다 페트병에서 '탁' 하는 소리가 나 깜짝 놀란 적이 있니? 페트병에서 왜 이런 소리가 나는 걸까? 바로 기체의 열팽창 때문이지.

▲ 페트병을 냉장고에서 꺼내면 병 속 기체의 부피가 커져 '탁' 소리가 나.

냉장고 안은 온도가 낮아. 그래서 페트병을 냉장고에 넣어 두면 페트병 속 기체의 부피가 작아져 페트병이 약간 찌그러져. 찌그러진 페트병을 냉장고에서 꺼내 두면 페트병 속 기체의 온도가 높아져 부피가 다시 커져. 기체의 부피가 커질 때 페트병이 펴지면서 '탁' 소리가 나는 거야.

◀ 냉장고 안은 온도가 낮아 페트병이 약간 찌그러져.

한여름에 자전거 타이어에 공기를 넣을 때에는 기체의 열팽창을 주의해야 해. 타이어 속 기체의 온도가 높아져 부피가 커지면, 자칫 타이어가 터질 수 있거든. 열팽창이 일어날 것을 생각해서 공기를 조금 덜 넣어야 타이어가 터지지 않아.

▲ 여름에는 타이어에 공기를 조금 덜 넣어.

장하다의 오답을 피하는 방법
나선애의 야무진 실험실
왕수재의 아는 척 과학교실
허영심의 별 헤는 밤
곽두기의 빅뱅 따라잡기

뜨거운 물에 넣기 전

뜨거운 물에 넣은 뒤

▲ 찌그러진 탁구공을 뜨거운 물에 넣으면 열팽창이 일어나 탁구공이 팽팽하게 펴져.

열팽창을 이용하면 찌그러진 탁구공을 다시 팽팽하게 펼 수도 있어. 방법은 아주 간단해. 찌그러진 탁구공을 뜨거운 물에 넣는 거야. 그럼 탁구공 속 기체의 온도가 높아지며 부피가 커져 탁구공이 다시 팽팽하게 펴진단다.

COMMENTS

기체의 열팽창은 신기한 게 많네!
└ 탁구공을 찌그러뜨려 실험해 보자!
└ 난 자전거 타이어로 해야지. 나랑 자전거 바람 넣으러 갈 사람?
└ 실험이 하고 싶은 거야, 자전거가 타고 싶은 거야?

가로세로 퀴즈

온도와 열에 관한 가로세로 퀴즈야. 빈칸을 채워 봐.
띄어쓰기는 무시해도 돼.

가로 열쇠	① 온도의 단위인 ℃는 ○○○라고 읽음. ② 영하 273℃를 0으로 정한 온도 ③ 온도가 높아질 때 물체의 부피가 커지는 현상 ④ 공기의 온도 ⑤ 조선 시대에 얼음을 보관하기 위해 사용한 창고 ⑥ 두 물질 사이에서 열의 이동을 줄이거나 막는 것 ⑦ 주로 고체 물질의 온도를 측정할 때 사용하는 온도계
세로 열쇠	❶ 물체를 따라 열이 이동하는 방법으로, 입자 운동이 이웃한 입자에 차례로 전달되어 열이 이동함. ❷ 물질의 차갑거나 따뜻한 정도를 숫자로 나타낸 것 ❸ 온도가 높아진 물질이 위로 올라가고 위에 있던 물질이 아래로 내려와 열이 이동하는 방법 ❹ 접촉한 두 물체의 온도가 같아져 열이 이동하지 않아 물체의 온도가 더 이상 변하지 않는 상태. ○○○ 상태 ❺ 몸의 온도 ❻ 주로 액체나 기체의 온도를 측정할 때 사용하는 온도계로, 온도에 따라 액체샘에 있는 빨간색 액체가 위로 올라가거나 아래로 내려감. ❼ 어떤 물질 1 kg의 온도를 1℃ 높이는 데 필요한 열의 양 ❽ ○○는 주로 전도를 통해 열이 이동함.

●정답은 119쪽에

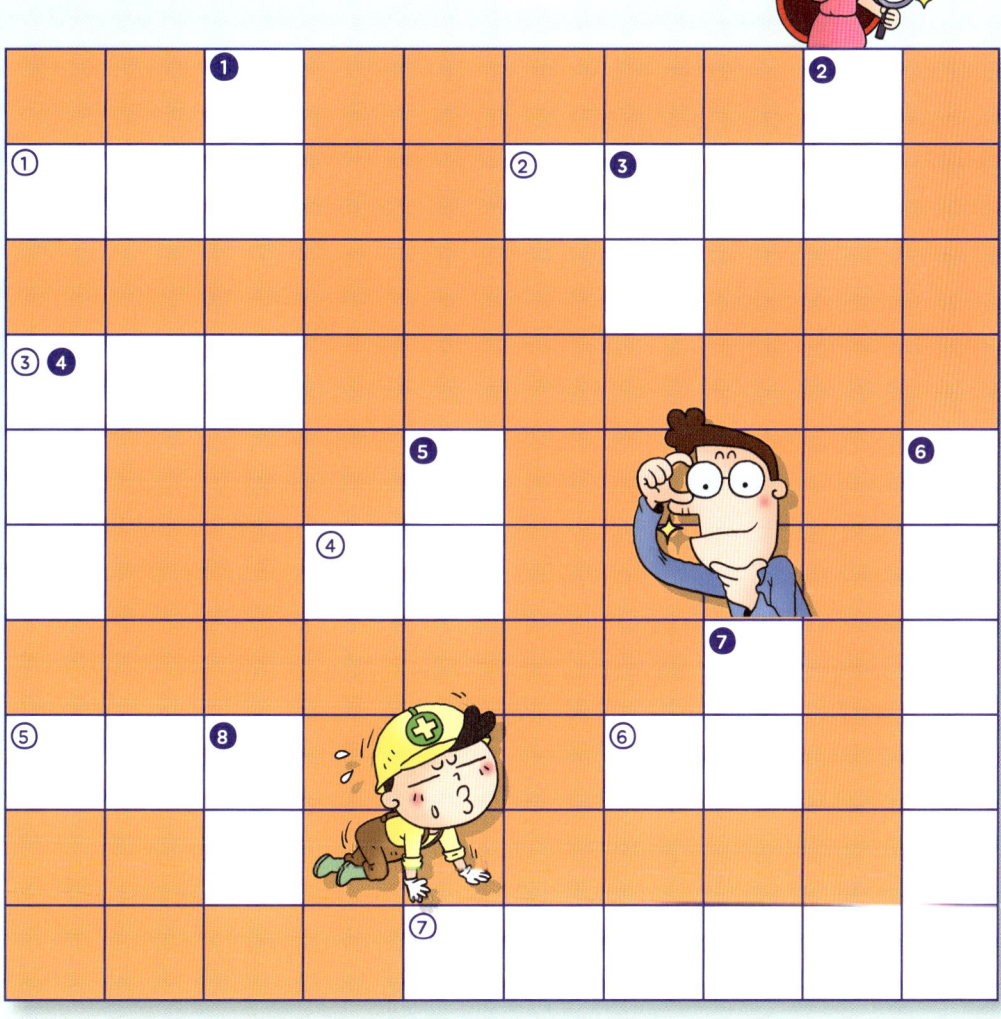

교과서 속으로

교과서에서는 어떻게 배울까?

초등 5학년 1학기 과학 | 온도와 열

차갑거나 따뜻한 정도를 어떻게 표현할까?

- **온도**
  - 물체의 차갑거나 따뜻한 정도는 온도로 나타낸다.
  - 온도는 숫자에 단위 ℃(섭씨도)를 붙여 나타낸다.

- **온도계**
  - 적외선 온도계는 주로 고체 물질의 온도를 측정할 때 사용한다.
  - 알코올 온도계는 주로 액체나 기체의 온도를 측정할 때 사용한다.

 귀 체온계는 적외선 온도계야!

초등 5학년 1학기 과학 | 온도와 열

고체에서 열은 어떻게 이동할까?

- **전도**
  - 온도가 높은 곳에서 온도가 낮은 곳으로 고체 물질을 따라 열이 이동하는 것
  - 고체 물질의 종류에 따라 열이 이동하는 빠르기가 다르다.
    ↳ 유리, 나무, 플라스틱보다 금속에서 열이 더 빨리 이동한다.

- **단열**
  - 두 물질 사이에서 열의 이동을 줄이는 것

 두 물질이 접촉하고 있지 않다면 전도는 잘 일어나지 않아!

교과서랑 똑같네!

| 초등 5학년 1학기 과학 | 온도와 열 |

액체와 기체에서 열은 어떻게 이동할까?

- **대류**
  - 온도가 높아진 물질이 위로 올라가고, 위에 있던 물질이 아래로 밀려 내려오는 과정
  - 액체와 기체는 대류를 통해 열이 이동한다.

- **대류의 이용**
  - 에어컨은 높은 곳에 설치하여 차가운 공기가 아래로 내려오게 한다.
  - 난로는 낮은 곳에 설치하여 따뜻한 공기가 위로 올라가게 한다.

 대류가 일어날 때에는 액체나 기체 입자가 직접 이동해!

| 중 2학년 과학 | 열과 우리 생활 |

비열과 열팽창

- **비열**
  - 어떤 물질 1kg의 온도를 1℃ 높이는 데 필요한 열의 양
  - 비열이 큰 물질은 천천히 데워지고 천천히 식는다.

- **열팽창**
  - 온도가 높아질 때 물체의 길이나 부피가 늘어나는 현상
  - 고체나 액체는 물질의 종류에 따라 열팽창하는 정도가 서로 다르다.

 벌써 배운 내용이네! 중학교 과학도 걱정 없어!

찾아보기

고체 19-20, 24, 45-46, 48, 50-51, 56, 65-66, 101, 105-106, 109-110

구리 45-46, 50, 52, 56, 65-66, 86-87

귀 체온계 18, 24

기온 15, 24, 27, 93, 104

기체 17, 20, 24, 48-51, 53, 56, 58, 62-63, 66-68, 70, 76, 101-102, 106, 112-113

냉각수 27, 88-89

냉장고 온도계 26

단열 55-56, 58, 73

단열재 55-56, 58

대류 64-68, 70-73, 75-76, 78-79

바이메탈 108-110

방열판 52

복사 71-76, 78-79

부피 100-102, 104-108, 110, 112-113

비열 84-94

뽁뽁이 52, 54-56

석빙고 78-79

섭씨도 16, 24

섭씨온도 16, 23

수온 15, 24, 27

수족관 온도계 27

알루미늄 50, 52, 56, 74-76, 86

알코올 온도계 17-20, 24, 38, 40, 105

액체 17-20, 24, 27, 38, 48-51, 56, 62-68, 76, 88, 100, 102, 104-106, 109-110

액체샘 17, 19

열 변색 붙임딱지 45-46

열량 84

열팽창 100-110, 112-113

열평형 37-40, 45

온도계 15, 17-20, 24, 26-27, 37-38, 40, 73, 75-76, 105

운동 21-24, 33, 48-49, 51, 56, 65-66, 68, 71, 100-102, 106, 110

육풍 92-94

은 50, 56, 75, 76

음료수병 온도계 26-27

이음매 103-105, 110

입자 21-24, 33, 48-51, 56, 65-66, 68, 71, 76, 100-102, 106, 110

적외선 18-20, 24, 73-76

적외선 온도계 18-20, 24, 73, 75-76

적외선 카메라 73-76

전도 46-56, 58, 63-67, 70-71, 73, 75-76, 78-79, 101

절대 온도 23

조리용 온도계 27

질량 83-86

차량용 온도계 27

체온 15-16, 18-20, 23-24, 33-34, 51, 74

충전재 107

켈빈 23

패시브 하우스 58-59

해풍 91-94

화씨도 16

화씨온도 16

히트파이프 87

118

퀴즈 정답

1교시

01　① ○　② ✕　③ ○

02　① 기온　② 체온　③ 수온

체	중	기	사
온	양	계	온
실	런	돌	솥
수	온	풍	기

2교시

01　① ○　② ○　③ ✕

02

얼음 ← 생선　　이마 → 얼음주머니

공기 → 아이스크림　　손 ← 손난로

3교시

01　① X　② O　③ X

02

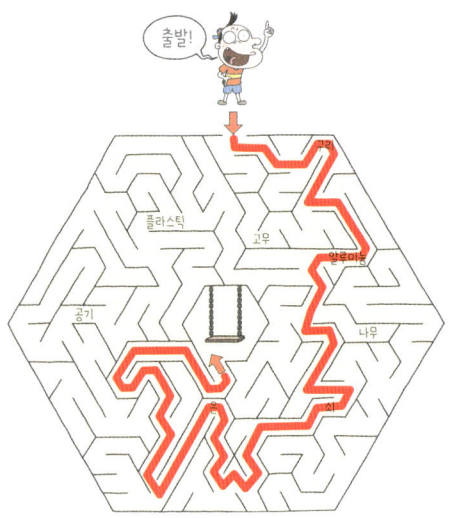

4교시

01　① O　② X　③ X

02

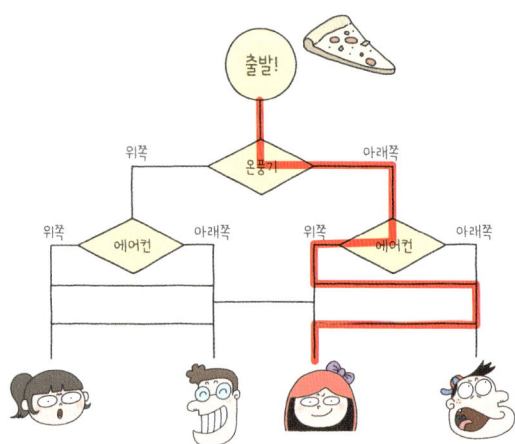

5교시

01 ① O ② X ③ O

02

> **보기**
> 모래는 물보다 비열이 작아서 낮에 모래사장이 있는 육지 위의 공기는 온도가 (높아) 위로 올라가고, 바다 위의 공기는 온도가 (낮아) 아래로 내려와. 그래서 낮에는 (바다)에서 (육지)로 바람이 불어.

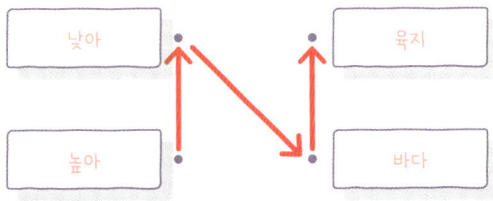

6교시

01 ① O ② O ③ X

02 뚜껑 입구에 뜨거운 물을 부어

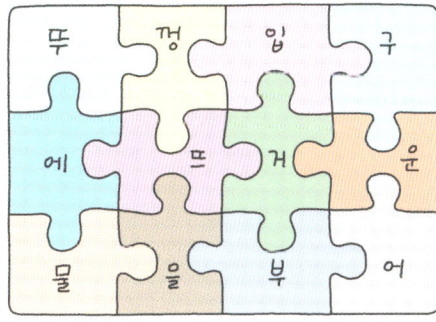

가로세로 퀴즈

		❶전					❷온	
①섭	씨	도		②절	❸대	온	도	
					류			
③❹열	팽	창						
평			❺체				❻알	
형		④기	온				코	
					❼비		올	
⑤석	빙	❽고		⑥단	열		온	
		체					도	
			⑦적	외	선	온	도	계

일러두기

· 맞춤법과 띄어쓰기는 국립국어원에서 펴낸 《표준국어대사전》을 따랐습니다.
· 과학 용어 표기는 《2015 개정 교육과정에 따른 교과용도서 개발을 위한 편수자료Ⅲ 기초과학, 정보 편》을 따랐습니다.
· 이 책에 실린 사진은 저작권자로부터 사용 허가를 받았습니다. 저작권자와 접촉하기 위해 최선을 다했으나 불가피한 사정으로 사용 허가를 받지 못한 일부 사진에 대해서는 저작권자와 연락이 닿는 대로 게재 허락을 받고 사용료를 지불하겠습니다.
· 이 책에 실린 그림의 저작권은 별도의 표기가 없는 한 사회평론에 있습니다.

사진 제공

17쪽: 북앤포토 | 21쪽: 북앤포토 | 31쪽: 북앤포토 | 37쪽: 북앤포토 | 46쪽: 북앤포토 | 59쪽: Passivhaus Institut(wikimedia commons_CC3.0) | 63쪽: 북앤포토 | 74쪽: PongMoji(셔터스톡) | 78쪽: Brian Yap(wikimedia commons_CC2.0) | 83쪽: 북앤포토 | 87쪽: 북앤포토 | 99쪽: 북앤포토 | 101쪽: 북앤포토 | 108쪽: 북앤포토 | 112쪽: 북앤포토 | 113쪽: 북앤포토 | 그 외: 셔터스톡

용선생의 시끌벅적 과학교실 | 온도와 열

1판 1쇄 발행	2022년 1월 25일
1판 4쇄 발행	2025년 1월 6일
글	이명화, 김형진, 설정민
그림	김인하, 뭉선생, 윤효식
감수	강남화
캐릭터	이우일
어린이사업본부	이승필
책임편집	이건혁
편집	정세민, 이명화, 홍지예, 김미화, 최예리, 윤성진
마케팅	윤영채, 정하연, 안은지, 박찬수
경영지원본부	나연희, 주광근, 오민정, 정민희, 김수아, 김승현
아트디렉터	강찬규
디자인	가필드
사진	북앤포토
펴낸이	윤철호
펴낸곳	(주)사회평론
전화	02-326-1182
팩스	02-326-1626
주소	03993 서울시 마포구 월드컵북로6길 56 사평빌딩
출판등록	1993년 10월 6일 제 10-876호

© 사회평론, 2022

ISBN 979-11-6273-204-5 73400

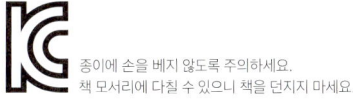
종이에 손을 베지 않도록 주의하세요.
책 모서리에 다칠 수 있으니 책을 던지지 마세요.

· 이 책 내용의 일부나 전부를 다시 사용하려면 저작권자와 사회평론의 동의를 받아야 합니다.
· 잘못 만들어진 책은 바꾸어 드립니다.